# Pointで学ぶ 韓国語 ②

〈著〉崔 相 振
　　　呉 香 善

〈監修〉松原 孝俊

花　書院
図書出版

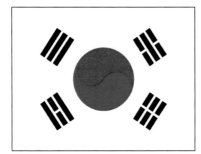

태극기 (太極旗)

무궁화 (無窮花)

국회의사당 (国会議事堂)

새배 (新年の挨拶)

한복 (韓服)

태권도 (テコンドー)

씨름 (シルム)

야구응원 (野球応援)

등산 (登山)

명동성당 (明洞聖堂)

석가탄신일
（お釈迦さまの誕生日ー海印寺にてー）

인사동 (仁寺洞)

동네풍경 (下町)

찜질방 (チムジルバン)

영화관 (映画館)

중국집 (中華料理屋)

분식집 (粉食屋)

호떡 (ホットク)

메뉴（メニュー）

반찬（定食のおかず）

숟가락과 젓가락
（スプーンと箸）

삽겹살（サムギョプサル）

약국（薬局）

환전소（両替所）

널뛰기（ノルッティギ）

부동산（不動産）

서점（書店）

윷놀이（ユンノリ）

제기차기（チェギチャギ）

판소리（パンソリ）

자판기（自販機）

편의점（コンビニ）

탈춤（面踊り）

택시（タクシー）

버스（バス）

떡（お餅）

화폐（韓国のお金）

# はじめに

みなさん、アンニョンアセヨ！

このテキストは、『Point で学ぶ韓国語1』の次のステップとして作られたものです。主に韓国語を1年ほど勉強した人、大学で第二外国語科目で初級レベルの韓国語を習得した人を想定して編集しました。皆さんがすでに持っている力（韓国語の基礎）を土台にして、『Point で学ぶ韓国語2』では、より多様で豊かな韓国語の表現や実用的で生き生きとした会話文を習得できます。さらに、「読んでみましょう」や付録にある「韓国語基本文型」まで習得できれば、韓国語能力検定試験3級に相当する力が身につくでしょう。

このテキストの特徴は次のとおりです。

① 『Point で学ぶ韓国語1』の続編として、生活の中で使われる使用頻度の高い表現、文法、語彙を15課に分けて段階的に学習できるようにしました。また、前の課で学習した文法や語彙を次の課でドリルできるようにしています。付録のCDを聞きながら何度も声に出して練習することで、自然な韓国語の発音や表現が身につきます。

② 『point で学ぶ韓国語1』同様、「Point」形式で各課の重要文法をいくつか提示し、その課の目標が一目で分かるようにしました。「Point」の内容は、練習問題をとおして何回もドリル（読む・書く・話す）するようになっています。

③ 自らの力で本文や練習問題を学習するための参考として、各課に「新しい単語」を、付録には「本文の訳例」と「韓日・日韓単語集」を設けました。また練習問題の最後に、レベルアップを図るために「読んでみましょう」というコーナーを設けました。付録に「読んでみましょう」の訳例がありますので、参考にしながら、まずは自分の力で講読してみましょう。

④ いくつかの課に「まめ知識」（天気予報、調理用語、干支など）を設けました。日常でよく使われる語彙なので、覚えて語彙力アップにつなげましょう。

⑤ 付録を充実させました。「発音のルール」をはじめ、「韓国語基本文型」「慣用表現とことわざ」「四字熟語」「副詞」「対義語」など、韓国語の中級レベルで欠かせない要素をとりこみました。

韓国語はリズムがとても大事です。タイトルからも分かるように、本書は「Point」文法を中心に自然な会話を身に付けることを目標としています。あわてず、1日10分でもいいですから、毎日毎日こつこつゆっくり勉強するようにしましょう。「継続は力成り!!!」です。

このテキストの刊行にあたっては多くの方々のご協力を得ました。山崎みさ氏には内容にそった楽しいイラストを描いていただきました。また、惜しまない愛情をもっていろいろとご指導してくださった九州大学韓国研究センターの松原孝俊先生に感謝申し上げます。最後に、私たちのわがままを受け入れつつ、いろいろと適切なアドバイスをくださった花書院の仲西佳文氏にあらためて御礼申し上げます。

このテキストが、韓国語を楽しく学習し、韓国文化を理解する一助になりますことを心より願っています。

2022年3月　　崔相振・呉香善

# 目　次

● まめ知識

● 「本文」と「読んでみましょう」の訳例

● 付　録

# 제 1과  할 수 있어요?

☞ **Point** : ～(으)ㄹ 수 있다/없다, 못～/～지 못하다, 接続詞

CD1

노무라 : 영진 씨, 영어 할 **수 있어요?**

영　진 : 네, 조금 할 **수 있어요.**

노무라 : 일본어도 할 **수 있어요?**

영　진 : 아뇨, 일본어는 전혀 **못**해요.
　　　　**그렇지만,** 배우고 싶어요.

노무라 : **그럼** 같이 공부할까요?

영　진 : 네, 좋아요. 같이 합시다.

노무라 유키　　　이영진

# 새 단어（新しい単語）

| | |
|---|---|
| **【ㄱ】** | |
| 결과 | 結果 |
| 결혼하다 | 結婚する |
| 과자 | お菓子 |
| 끊다 | やめる、断つ |
| **【ㄴ】** | |
| 날개 | 翼 |
| 날다 | 飛ぶ |
| 노력 | 努力 |
| **【ㄷ】** | |
| 닭 | 鶏 |
| 담배 | タバコ |
| 떡볶이 | トッポッキ |
| **【ㅂ】** | |
| 발음 | 発音 |
| 빨래하다 | 洗濯する |
| **【ㅅ】** | |
| 수영하다 | 水泳する |
| **【ㅇ】** | |
| 연락하다 | 連絡する |

| | |
|---|---|
| 오래 | しばらく、長く |
| 위험하다 | 危険だ |
| 이상 | 以上 |
| 일찍 | 早く |
| **【ㅈ】** | |
| 저녁 | 夕方 |
| 조금 | 少し |
| 조심하다 | 気をつける |
| 주차하다 | 駐車する |
| 중국어 | 中国語 |
| 중학생 | 中学生 |
| **【ㅊ】** | |
| 창문을 열다 | 窓を開ける |
| **【ㅍ】** | |
| 피아노를 치다 | ピアノを弾く |
| **【ㅎ】** | |
| 한복 | 韓服(韓国の民族衣装) |
| 혼자서 | 一人で |
| 휴일 | 休日 |

# 포인트(Point)

---

## 1-1 動詞の語幹＋〜(으)ㄹ 수 있다/없다
### (〜することができる/できない) 可能・不可能

---

☞ 可能と不可能、もしくは能力の有無を表す表現。

☞ 「〜 수 〜」は「〜 쑤 〜」のように濃音で発音される。(p157 4-5 参照)

・이 영화는 중학생 이상이 볼 수 있습니다.

・혼자서 갈 수 있어요?

・중국어를 할 수 있어요?

・낫토를 먹을 수 없어요.

・담배와 술을 끊으면 오래 살 수 있어요.

---

## 1-2 못＋動詞 (〜できない) 前置き不可能
## 動詞の語幹＋〜지 못하다 (〜できない) 後置き不可能

---

☞ 不可能を表す「〜(으)ㄹ 수 없다」以外に、

「못＋動詞」「語幹＋지 못하다」があり、置き換えることができる。

☞ 「안＋動詞」「語幹＋지 않다」(意図的にしない)とは異なるので注意।

(『Point で学ぶ韓国語 1 』p70 参照)

・수미 씨는 자전거를 못 타요.

・저는 술을 못 마셔요.

・아직 결혼하지 못했어요.

・저는 한국신문을 잘 읽지 못해요.

※「못〜」の発音変化の例

| 連音化 | 못 와요 → [모돠요] |
| --- | --- |
| 濃音化 | 못 가요 → [몯까요] |
| 激音化 | 못해요 → [모태요] |
| 鼻音化＋連音化 | 못 먹어요 → [몬머거요] |
| ㄴ音の挿入＋鼻音化＋連音化 | 못 입어요 → [몬니버요] |

CD3

## 1−3　接続詞

| 그리고 | そして |
| --- | --- |
| 그러나 | しかし |
| 그러면(그럼) | それでは |
| 그래서 | それで |
| 그런데 | ところで |
| 그래도 | それでも |
| 그렇지만 | そうだけれども、だが |
| 그러니까 | だから |

- 김밥, 떡볶이, **그리고** 어묵 주세요.
- 노력은 했어요. **그러나** 결과가 안 좋았어요.
- **그럼** 내일 다시 연락하겠습니다.
- 비가 와요. **그래서** 집에 있어요.
- **그런데** 수미 씨는 요즘 뭐 해요?
- 한국어는 발음이 어려워요. **그래도** 재미있어요.
- 한국노래를 좋아해요. **그렇지만** 노래는 못해요.
- 서울은 길이 복잡해요. **그러니까** 조심하세요.

# 연습문제 （練習問題）

1.  Point1-1 を参考にして次の表を完成させなさい。

| 例) 가다 | 行く | 갈 수 있어요.<br>(行くことができます) | 갈 수 없어요.<br>(行くことができません) |
|---|---|---|---|
| ① 먹다 | | | |
| ② 보다 | | | |
| ③ 만나다 | | | |
| ④ 입다 | | | |
| ⑤ 타다 | | | |
| ⑥ 하다 | | | |
| ⑦ 만들다 | | | |

2.  Point1-1 を参考にして例のようにしなさい。

> 例) 운전을 하다(運転をする)
>
>
>
> <u>운전을 **할 수 있어요.**</u>
> (運転をすることができます)
> <u>운전을 **할 수 없어요.**</u>
> (運転をすることができません)

①   수영을 하다  →  _____

②   일찍 일어나다  →  _____

③  　　　　창문을 열다　→　_____

④  　　　　담배를 끊다　→　_____

3.　Point1-2 を参考にして例のようにしなさい。

例)

가 : 한국어로 편지를 쓸 수 있어요?
（韓国語で手紙を書くことができますか？）

나 : 아뇨, **못** 써요.
（いいえ、書けません）

①
가 : 한국 신문을 읽을 수 있어요?

나 : 아뇨, _____

②
가 : 혼자서 한복을 입을 수 있어요?

나 : 아뇨, _____

③

가 : 피아노를 칠 수 있어요?

나 : 아뇨, _____

④

가 : 여기에 주차할 수 있어요?

나 : 아뇨, _____

4.　Point1-3 を参考にして（　　　　）に接続詞を入れなさい。

① 남동생은 물을 마셔요. (　　　　　) 여동생은 과자를 먹어요.

② 어제 비가 왔어요. (　　　　) 집에 있었어요.

③ 닭은 날개가 있어요. (　　　　) 날지 못해요.

④ 오늘 친구하고 백화점에 갔어요. (　　　　) 휴일이었어요.

⑤ 거기는 위험해요. (　　　　) 가고 싶어요.

⑥ (　　　　) 또 연락하겠습니다.

**5．次の文を韓国語に直しなさい。**

① 少しできます。　　　　　　　　　　＿＿＿＿＿＿＿＿＿＿＿＿＿＿

② 掃除をします。そして、洗濯もします。　＿＿＿＿＿＿＿＿＿＿＿＿＿

③ それでは、一緒に勉強しましょう。　　＿＿＿＿＿＿＿＿＿＿＿＿＿

④ しかし、日本語は全然できません。　　＿＿＿＿＿＿＿＿＿＿＿＿＿

CD4

## 읽어 봅시다 読んでみましょう

**次の文を声に出して読んで、質問に〇×で答えなさい。**

오늘 명동에서 친구랑 만나기로 했어요.
그래서 버스를 타고 신촌까지 갔어요.
버스 안에서 제 앞자리에 외국인이 앉았어요.
그 사람은 열심히 한국어를 공부하고 있었어요.
나는 우연히 그 사람의 노트를 봤어요.
노래가사가 쓰여 있었어요.
나도 모르게 웃음이 나왔어요.
그리고 옛날 제 모습을 떠올렸어요.
나는 신촌에서 지하철로 갈아타고 약속 장소인 명동으로 갔어요.

① 버스를 타고 명동까지 갔어요. (　　)
② 버스 안에서 친구를 만났어요. (　　)
③ 나는 약속이 있어요. (　　)

9

# 제 2 과  뭐 하고 있어요?

☞ **Point** : ～고 있다, ～아/어야 되다, 間違いやすい助詞

CD5

영　진 : 노무라 씨, 뭐 하고 **있어요?**

노무라 : 잡채 만들**고 있어요.**

영　진 : 잡채요? 전 잡채를 진짜 **좋아해요.**

　　　　그런데 혼자서 만들 수 있어요?

노무라 : 얼마 전에 친구 어머니한테서 배웠어요.

영　진 : 아～, 그래요?

　　　　그런데 잡채에는 시금치가 들어가**야 돼요.**

노무라 : 어머, 깜빡했어요.

# 새 단어 （新しい単語）

CD6

| 【ㄱ】 | | 실내 | 室内 |
|---|---|---|---|
| 계획을 세우다 | 計画を立てる | 쓰레기 | ゴミ |
| 구하다 | 求める、探す | 【ㅇ】 | |
| 그래요? | そうですか？ | 아기 | 赤ちゃん |
| 깜빡하다 | うっかりする | 어머 | あら！ |
| 꽃 | 花 | 얼마 전에 | この前 |
| 끝내다 | 終える | 외우다 | 覚える |
| 【ㄴ】 | | 이기다 | 勝つ |
| 내용 | 内容 | 일기를 쓰다 | 日記をつける |
| 【ㄷ】 | | 【ㅈ】 | |
| 단어 | 単語 | 잡지 | 雑誌 |
| 닮다 | 似る | 잡채 | チャプチェ |
| 돈을 벌다 | お金を稼ぐ | 준비하다 | 準備する |
| 들어가다 | 入る | 진짜 | 本当に |
| 【ㅂ】 | | 【ㅊ】 | |
| 뱀 | 蛇 | 출장을 가다 | 出張に行く |
| 버리다 | 捨てる | 【ㅌ】 | |
| 벗다 | 脱ぐ | 태권도 | テコンドー |
| 【ㅅ】 | | 【ㅍ】 | |
| 삼계탕 | サムゲタン(蔘鶏湯) | 팥빙수 | かき氷 |
| 설날 | お正月 | 【ㅎ】 | |
| 시금치 | ほうれん草 | ～한테서 | ～から |
| 시험을 보다 | 試験を受ける | 해외여행 | 海外旅行 |

# 포인트(Point)

---

### 2-1　動詞の語幹＋～고 있다 (～している) 進行

☞ 現在進行形の意味を表す。
- 아기가 자고 **있어요**.
- 영수 씨가 잡지를 읽고 **있어요**.
- 가족은 미국에 살고 **있어요**.
- 뭐 하고 **있어요**?
- 친구를 기다리고 **있어요**.
- 팥빙수를 먹고 **있어요**.

### 2-2　用言の語幹＋～아/어야 되다 (～しなければならない) 義務

☞ 日本語の「～しなければならない」に当たる義務・許可を表す表現。
☞ 「～아/어야 하다」も同じ意味としてよく使われる。
- 지금 **가야 돼요**
- 설날에는 한복을 **입어야 돼요**.
- 한국어 공부를 **해야 돼요**.
- 아침은 **먹어야 해요**.
- 실내에서는 모자를 **벗어야 해요**.

CD7

## 2-3　間違いやすい助詞

☞ 日本語の助詞「に」が、韓国語では「を（〜를/을）」になる表現

| 友達に会います | 친구를 만나요 |
| --- | --- |
| バスに乗ります | 버스를 타요 |
| 父に似ています | 아버지를 닮았어요 |
| フランスに勝ちました | 프랑스를 이겼어요 |
| 旅行に行きます | 여행을 가요 |
| 出張に行きます | 출장을 가요 |

☞ 日本語の助詞「が」が、韓国語では「を（〜를/을）」になる表現

| 花が好きです | 꽃을 좋아해요 |
| --- | --- |
| 蛇が嫌いです | 뱀을 싫어해요 |
| カキ氷が食べたいです | 팥빙수를 먹고 싶어요 |
| 英語が上手です | 영어를 잘해요 |
| 歌が下手です | 노래를 못해요 |
| 英語ができます | 영어를 할 수 있어요 |
| 映画の内容が分かります | 영화 내용을 알아요 |

☞ 日本語の助詞「に」が、韓国語では「が（〜가/이）」になる表現

| 医者になりたいです | 의사가 되고 싶어요 |
| --- | --- |
| 秋になりました | 가을이 됐어요 |

# 연습문제 （練習問題）

1．次の絵を見て「〜고 있어요」の文を作りなさい。（Point2-1 参照）

①　友達を待つ　　②　日記をつける　　③　サムゲタンを食べる　　④　新聞を読む

⑤　テコンドーを習う　　⑥　試験の準備をする　　⑦　ゴミを捨てる　　⑧　単語を覚える

質問）　지금 뭐 하고 있어요?　（今何をしていますか?）

①　_____　②　_____

③　_____　④　_____

⑤　_____　⑥　_____

⑦　_____　⑧　_____

2.　Point2-2 を参考にして例のようにしなさい。

```
例) 집에 가다     →     집에 가야 돼요.  /  집에 가야 해요.
    （家に行く）         （家に行かなければならない）  （家に行かなければならない）
```

① 일찍 일어나다      →　_____　_____

② 사진을 찍다       →　_____　_____

③ 계획을 세우다      →　_____　_____

④ 빨리 끝내다       →　_____　_____

⑤ 시험을 보다       →　_____　_____

⑥ 손을 씻다        →　_____　_____

⑦ 돈을 벌다        →　_____　_____

⑧ 아르바이트를 구하다 →　_____　_____


3.　Point2-3 を参考にして正しい文に○をつけなさい。

① 저는 김치를 별로 좋아하지 않아요. (　　　　)
　 저는 김치가 별로 좋아하지 않아요. (　　　　)

② 다음 주 가족하고 해외여행에 가요. (　　　　)
　 다음 주 가족하고 해외여행을 가요. (　　　　)

③ 저는 아버지를 많이 닮았어요. (　　　　)
　 저는 아버지에 많이 닮았어요. (　　　　)

④ 한국신문을 읽을 수 있어요? (　　　　)
　 한국신문이 읽을 수 있어요? (　　　　)

⑤ 선생님이 되고 싶어요. (          )

　선생님에 되고 싶어요. (          )


⑥ 집에서 학교까지 버스에 타요. (          )

　집에서 학교까지 버스를 타요. (          )


## 4. 次の文を韓国語に直しなさい。

① 韓国語を勉強しています。　　　→ _____

② 英語ができますか?　　　　　　→ _____

③ 朝ご飯は食べなければなりません。→ _____

④ 新聞を読んでいます。　　　　　→ _____


CD8

## 읽어 봅시다 読んでみましょう

次の文を声に出して読んで、質問に〇×で答えなさい。

나는 요리하는 것을 좋아해요.
주말에 자주 요리를 해요.
요리는 잘 못 하지만 음식을 만들어서 사람들과 같이 먹는 것을 좋아해요.
그리고 사람들이 내 요리를 맛있게 먹어 주면 두 배로 기쁩니다.
요즘은 일주일에 한 번 친구 어머니에게서 한국 요리를 배우고 있어요.
처음이라서 조금 어렵지만, 자꾸 만들어 보고 싶어요.
그러면 언젠가 나만의 레시피가 생길 거예요.


① 일주일에 한 번 한국 요리를 배워요. (          )

② 한국요리는 쉽게 만들 수 있어요. (          )

③ 나는 요리를 아주 잘해요. (          )

## 조미료　調味料

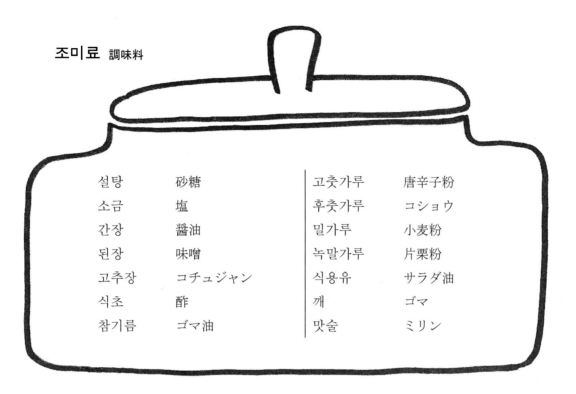

| | | | |
|---|---|---|---|
| 설탕 | 砂糖 | 고춧가루 | 唐辛子粉 |
| 소금 | 塩 | 후춧가루 | コショウ |
| 간장 | 醬油 | 밀가루 | 小麦粉 |
| 된장 | 味噌 | 녹말가루 | 片栗粉 |
| 고추장 | コチュジャン | 식용유 | サラダ油 |
| 식초 | 酢 | 깨 | ゴマ |
| 참기름 | ゴマ油 | 맛술 | ミリン |

## 조리용어　調理用語

| | | | |
|---|---|---|---|
| 자르다、썰다 | 切る | 끓이다 | 沸かす |
| 다지다 | みじん切りする | 무치다 | 和える |
| 데치다 | 湯がく | 비비다 | 混ぜる |
| 볶다 | 炒める | 담그다 | 漬ける |
| 찌다 | 蒸す | 갈다 | ひく、おろす |
| 튀기다 | 揚げる | (껍질을)벗기다, 까다 | (皮を)むく |
| 굽다 | 焼く | 얼다 | 凍る |
| 부치다 | (フライパンで)焼く | 녹다 | 溶ける |
| 조리다 | 煮る | 간을 하다 | 味付けをする |
| 데우다 | 温める | 간을 보다, 맛보다 | 味見をする |
| 삶다 | ゆでる | (밥을)짓다 | (ご飯を)炊く |

# 제 3과 늦어서 미안해요.

☞ **Point** : ~고, ~아/어서, ~게, ~기로 하다

노무라 : 영진 씨, 늦**어서** 미안해요.

아침에 늦잠을 **자서** 조금 늦었어요.

영  진 : 아니에요. 저도 방금 왔어요.

노무라 씨, 아침 먹**고** 왔어요?

노무라 : 아뇨, 바빠**서** 그냥 왔어요.

영  진 : 그럼 간단하**게** 뭐 먹으러 갈까요?

노무라 : 아뇨, 괜찮아요.

나중에 친구랑 점심 먹**기로** 했어요.

영  진 : 그래요?

그럼 저기 **가서** 커피나 한잔합시다.

18

# CD10 새 단어 （新しい単語）

| 【ㄱ】 | | 【ㅂ】 | |
|---|---|---|---|
| 간단하다 | 簡単だ | 바다 | 海 |
| 갈아입다 | 着替える | 바쁘다 | 忙しい |
| 건강 | 健康 | 방금 | ただいま、今 |
| 그냥 | そのまま、ただ | 배부르다 | 満腹だ |
| 그만두다 | やめる | 【ㅇ】 | |
| 길다 | 長い | 야채 | 野菜 |
| 깊다 | 深い | 어렵다 | 難しい |
| 깨끗하다 | 清潔だ、きれいだ | 어울리다 | 似合う |
| 끝까지 | 最後まで | 어젯밤 | 昨晩 |
| 【ㄴ】 | | 예쁘게 생기다 | 可愛らしく見える |
| ～(이)나 | ～でも | 예쁘다 | きれいだ、可愛い |
| 나오다 | 出てくる | 【ㅈ】 | |
| 나중에 | 後で | 적다 | 少ない |
| 날씬하다 | すらりとしている | 조용하다 | 静かだ |
| 높다 | （高さが）高い | 즐겁다 | 楽しい |
| 눈 | 目、雪 | 직장생활 | 職場生活 |
| 늦잠을 자다 | 朝寝坊をする | 【ㅊ】 | |
| 【ㄷ】 | | 취소하다 | 取り消す |
| 동네 | 町、町内 | 【ㅋ】 | |
| 들어오다 | 帰ってくる | 키가 크다 | 背が高い |
| 딸 | 娘 | 【ㅎ】 | |
| 【ㅁ】 | | 하늘 | 空 |
| 문제 | 問題 | 회식 | 飲み会 |
| 미안하다 | すまない | | |

# 포인트(Point)

## 3-1　用言の語幹＋～고 (～て)

① 羅列を表す。(時間の前後に関係なく、行為や状態、事実を対等に羅列)
- 하늘은 높고 바다는 깊어요.
- 지난주 일요일에는 청소하고 빨래를 했어요.
- 수정 씨는 머리가 길고 눈이 큽니다.
- 이 동네는 깨끗하고 조용해요.

② 時間的な前後関係を表す。
- 어젯밤에는 이를 닦고 일찍 잤습니다.
- 집에 들어오면 손을 씻고 저녁을 먹어야 해요.
- 숙제하고 친구랑 놀아요.
- 아침밥을 먹고 학교에 가요.

## 3-2　用言の語幹＋～아/어서 (～て、～くて、～ので)

① 理由、原因、根拠を表す。

☞「～아/어서」は、常に**現在形**に付く。

　　過去の出来事であっても、「過去形＋～아/어서」とはならないので注意。

☞「～아/어서」は、後続文に「～겠」「**命令形**」「**勧誘形**」は用いられない。

☞ 名詞の後には「～**(이)라서**」「～**이어서/여서**」を用いる。

・일이 많**아서** 약속을 취소했어요.

・만나서 반갑습니다.

・피곤**해서** 쉬었어요.

・오늘은 일요일**이라서**(이어서) 학교에 안 가요.

② 前文が後文より時間的に先行している場合。

☞「～고」は、前後の行為の関係性はなく、**時間的な前後関係**を表すが、

　「～아/어서」は、**前後の行為が密接な関係**にあり、前文の行為がないと後文の

　行為も起こり得ない時に用いられる。

・비빔밥을 만들**어서** 먹었어요.

・은행에 가서 돈을 찾았어요.

※ 日本語では「～て」と訳される「～고」「～아/어서」の区別

| ～て | 区別方法 | 例　文 |
|---|---|---|
| ～고 | ～て (そして) | 숙제를 하고(そして) 친구랑 놀아요.<br>아침을 먹고(そして) 학교에 가요.<br>밥을 먹고(そして) 텔레비전을 봐요. |
| ～아/어서 | ～て (そこで) | 백화점에 가서(そこで) 친구 생일 선물을 샀어요.<br>친구랑 만나서(そこで) 커피를 마셨어요.<br>앉아서(そこで) 기다리세요. |

## 3-3 形容詞の語幹＋～게 (～く、～に、～ように)

☞ 形容詞の語幹に「～게」を付けると「副詞形」になって、用言を修飾する。

☞ 動詞や存在詞に接続する場合は「～도록」に置き換えられる。

・손님 맛있게 드세요.

・자, 찍습니다. 예쁘게 웃으세요. 하나, 둘, 셋, 김치!

・춥지 않게 옷을 더 입으세요.

・야채는 많이 먹고 고기는 적게 먹어요.

## 3-4 動詞の語幹＋～기로 하다 (～ことにする)

☞ 決定、決心、約束の意を表す。

☞ 主に、過去形である「～기로 했어요」の形で使われる。

・여름휴가는 제주도로 가기로 했어요.

・오늘부터 담배는 끊기로 했어요.

・내일 다시 만나기로 합시다.

・회의에 늦어서 택시를 타기로 했어요.

# 연습문제 (練習問題)

1. 次の ＿＿＿＿＿＿ を訳して文を完成させなさい。(Point3-1・2参考)

① 이 가게는 **安くて** 저 가게는 비싸요. (⑱싸다)

　→ ＿＿＿＿＿＿＿＿＿＿＿＿＿＿＿＿＿＿

② 잠깐만 **座って** 기다리세요. (⑱앉다)

　→ ＿＿＿＿＿＿＿＿＿＿＿＿＿＿＿＿＿＿

③ 아버지는 **会社員で** 형은 대학생이에요. (⑱회사원이다)

　→ ＿＿＿＿＿＿＿＿＿＿＿＿＿＿＿＿＿＿

④ 수진 씨는 **すらりとしていて** 뭐든지 잘 어울려요. (⑱날씬하다)

　→ ＿＿＿＿＿＿＿＿＿＿＿＿＿＿＿＿＿＿

⑤ 한국 여행은 **楽しくて** 재미있었어요. (⑱즐겁다)

　→ ＿＿＿＿＿＿＿＿＿＿＿＿＿＿＿＿＿＿

⑥ 길이 **混んで** 지하철로 왔어요. (⑱막히다)

　→ ＿＿＿＿＿＿＿＿＿＿＿＿＿＿＿＿＿＿

⑦ 일찍 **寝て** 일찍 일어나면 건강에 좋아요. (⑱자다)

　→ ＿＿＿＿＿＿＿＿＿＿＿＿＿＿＿＿＿＿

⑧ 옷을 **着替えて** 쉬세요. (⑱갈아입다)

　→ ＿＿＿＿＿＿＿＿＿＿＿＿＿＿＿＿＿＿

⑨ 제 동생은 키가 **高くて** 눈이 작아요. (⑱크다)

　→ ＿＿＿＿＿＿＿＿＿＿＿＿＿＿＿＿＿＿

⑩ 돈이 **なくて** 여행을 못 갔어요. (⑱없다)

　→ ＿＿＿＿＿＿＿＿＿＿＿＿＿＿＿＿＿＿

2.  Point3-3 を参考にして例のようにしなさい。

> 例) 가 : 자, 찍습니다. **예쁘게** 웃으세요. 하나, 둘, 셋 ! (예쁘다)
>          (さあ、撮ります。可愛く笑ってください。いち、にのさん！)        (可愛い)
>     나 : 김~치! (キムチ！)

① 가 : 시험 잘 봤어요? (어렵다)

　　나 : 아뇨, 문제가 너무 _____ 나왔어요.

② 가 : 드라마 재미있었어요? (재미있다)

　　나 : 그럼요. 끝까지 _____ 봤어요.

③ 가 : 저녁 먹었어요? (배부르다)

　　나 : 네, 오늘 회식이 있어서 _____ 많이 먹었어요.

④ 가 : 김 선생님 딸, 봤어요? (예쁘다)

　　나 : 네, 아주 _____ 생겼어요.

⑤ 가 : 왜 이렇게 늦었어요? (늦다)

　　나 : 미안해요. 친구랑 _____까지 이야기하고 놀았어요.


3.  Point3-4 を参考にして例のようにしなさい。

> 例)
>
>            가 : 신혼여행은 어디로 가요? (가다)
>                 (新婚旅行はどこに行きますか？)(行く)
>            나 : 제주도로 **가기로 했어요.**
>                 (済州島へ行くことにしました)

①

　　　　　　　　가 : 직장 생활은 어떻습니까? (그만두다)

　　　　　　　　나 : 너무 힘들어서 _____

②

　가 : 한잔하러 갑시다. (끊다)
　나 : 미안해요. 올해부터 술을 _____

③

　가 : 주말은 어떻게 보냈어요? (가다)
　나 : 친구랑 등산을 _____ 했지만, 비가 와서 못 갔어요.

④

　가 : 언제부터 운동을 시작해요? (배우다)
　나 : 다음달부터 수영을 _____

## ４．次の文を韓国語に直しなさい。

① 友達にプレゼントを送ることにしました。　→ _____

② いつも昼食は軽く(簡単に)食べます。　→ _____

③ 風邪を引いて学校に行けませんでした。　→ _____

④ 日本の夏は暑くて湿気が多いです。　→ _____

CD11

## 읽어 봅시다 読んでみましょう

次の文を声に出して読んで、質問に○×で答えなさい。

오늘은 아침에 늦잠을 잤어요.

아침을 먹고 나가려고 했는데 밥이 없어서 집 근처 분식집에서

간단하게 먹었어요.

저는 분식집에 자주 가는데, 밤늦게까지 영업하고 가격도 비싸지

않아서 좋아요.

그리고 메뉴도 많아서 입맛대로 골라 먹을 수 있어요.

저는 분식집에 가면 김밥하고 라면을 자주 먹어요.

가끔 순두부찌개나 떡볶이도 먹어요.

① 아침은 일찍 먹었어요. (      )

② 분식집은 늦게까지 문을 열어요. (      )

③ 저는 분식집이 비싸서 자주 이용하지 않아요. (      )

CD12

# 띠（干支）

돼지띠
（い・韓豚、日猪）

쥐띠
（ね・鼠）

소띠
（うし・牛）

개띠
（いぬ・犬）

호랑이띠
（とら・虎）

닭띠
（とり・鶏）

토끼띠
（う・兎）

원숭이띠
（さる・猿）

용띠
（たつ・竜）

양띠
（ひつじ・羊）

뱀띠
（み・蛇）

말띠
（うま・馬）

## ★ 話してみましょう

가 : 노무라 씨는 무슨 띠예요?（野村さんは何年ですか？）

나 : 저는 ＿＿＿＿＿＿＿＿예요.（私は＿＿＿＿＿＿です）

# 제 4과   자장면은 곱빼기로 해 주세요.

☞ **Point**  : ～인데/는데/(으)ㄴ데, ～아/어 주세요, ～(으)로

CD13

중국집 : 네, 신속배달 만리장성입니다.

노무라 : 여보세요. 여기 한국아파트 103동 206호**인데요**.
<sub>백삼</sub>    <sub>이백육</sub>

자장면 하나, 짬뽕 둘, 그리고 탕수육 하나

배달**해 주세요**.

중국집 : 네, 알겠습니다.

만두는 서비스**로** 갖다 드리겠습니다.

노무라 : 감사합니다.

아! 저기요. 자장면은 곱빼기**로** **해 주세요**.

그리고 단무지 좀 많이 갖다 주세요.

중국집 : 네, 알겠습니다.

28

# 새 단어 （新しい単語）

CD14

| 【ㄱ】 | |
|---|---|
| 갑자기 | 急に |
| 갖다 드리다 | お持ちする |
| 계단 | 階段 |
| 고기를 잡다 | 魚を釣る |
| 고장 나다 | 故障する |
| 곱빼기 | 大盛 |

| 【ㄷ】 | |
|---|---|
| 단무지 | たくあん |
| 답답하다 | もどかしい |
| 도착하다 | 到着する |
| ～동 | ～棟 |
| 드라이브 | ドライブ |
| 디자인 | デザイン |
| 따뜻하다 | 暖かい |

| 【ㅁ】 | |
|---|---|
| 만두 | 餃子 |
| 만리장성 | 万里の長城 |
| 메일 | メール |

| 【ㅂ】 | |
|---|---|
| 반찬 | おかず |
| 방학 | (学校の)休み |
| 배달하다 | 配達する |

| 【ㅅ】 | |
|---|---|
| 사이즈 | サイズ |
| 색깔 | 色 |

| 서비스 | サービス |
|---|---|
| 신속배달 | 迅速な配達 |

| 【ㅇ】 | |
|---|---|
| 아무도 | だれも |
| 아파트 | アパート |
| 안부 전하다 | よろしく伝える |
| 엘리베이터 | エレベーター |
| 온돌방 | オンドル部屋 |
| 우산 | 傘 |
| 이걸로 | これにして、これで |

| 【ㅈ】 | |
|---|---|
| 자장면 | ジャージャー麺 |
| 적다 | 書く、少ない |
| 조용히 | 静かに |
| 짬뽕 | チャンポン |

| 【ㅊ】 | |
|---|---|
| 참석하다 | 出席する |
| 치즈 | チーズ |
| 침대방 | 洋室 |

| 【ㅌ】 | |
|---|---|
| 탕수육 | 酢豚 |

| 【ㅍ】 | |
|---|---|
| 패키지여행 | パッケージツアー |

| 【ㅎ】 | |
|---|---|
| 헤어지다 | 別れる |
| ～호 | ～号 |

# 포인트(Point)

---

## 4-1   語幹＋〜는데/(으)ㄴ데/인데 (〜だけど、だが)

- 動　詞・存在詞　　〜는데
- 形　容　詞　　　　〜(으)ㄴ데
- 名　　　詞　　　　〜인데
- 過　去　時　制　　〜았/었는데

☞ **状況や背景**を説明する時、**やわらかいニュアンス**で言葉をつなぐ接尾語。

日本語の「〜だけど」「〜だが」という言い方に似ている。

会話を終わらせずに続けたい時や、他の人の意見を聞きたい時にも用いられる。

① **逆説や期待はずれ**の意を表す。

- 방학**인데** 집에만 있어요.
- 음식은 맛있**는데** 좀 비싸요.
- 디자인은 좋**은데** 사이즈가 안 맞아요.
- 일찍 **갔는데** 아무도 없었어요.


② **婉曲**の意を表す。(断定的な表現より柔らかい感じ)

- 잘 모르겠**는데요**.
- 시험은 내일**인데요**.
- 미안해요. 내일은 약속이 있**는데요**.


③ **状況や背景**を説明する時に用いる。

- 일본사람**인데** 한국말을 아주 잘해요.
- 공부하**는데** 전화가 왔어요.
- 날씨도 좋**은데** 드라이브나 갈까요?

## 4-2　動詞の語幹＋～아/어 주세요 （～してください）

・다시 한번 천천히 말해 주세요.
・부모님께 안부 전해 주세요.
・목요일 10시까지 회의에 참석해 주세요.
・박물관에서는 조용히 해 주세요.

## 4-3　体言＋～(으)로 （～へ、～で）

☞ 方向の意を表す。
・고기를 잡으러 바다로 갈까요?
・어디로 해외여행을 갈까요?
・화장실은 오른쪽으로 가세요.

☞ 手段、道具、材料、資格の意を表す。
・학교에는 버스와 지하철로 갑니다.
・지금부터 한국말로 이야기하세요.
・한국어 선생님으로 이 학교에 왔습니다.

☞ 選択の意を表す。
・이걸로 주세요.
・패키지여행으로 일본에 가기로 했어요.
・침대방이 없으면 온돌방으로 해 주세요.

# 연습문제 (練習問題)

1. Point4-1 を参考にして例のようにしなさい。

例) 비가 와요 / 우산이 없어요 → 비가 **오는데** 우산이 없어요.
(雨が降っています)  (傘がありません)     (雨が降っているけど、傘がありません)

① 여름방학이에요 / 그냥 집에만 있었어요　　→ _____

② 답답해요 / 빨리 말해 주세요　　→ _____

③ 어제 옷을 샀어요 / 색깔이 마음에 안 들어요　　→ _____

④ 시간은 많아요 / 돈이 없어요　　→ _____

⑤ 집에서 드라마를 봐요 / 갑자기 손님이 왔어요　　→ _____

⑥ 아침을 먹어요 / 전화가 왔어요　　→ _____

⑦ 마음에 들어요 / 사이즈가 없어요　　→ _____

⑧ 겨울이에요 / 왜 이렇게 따뜻해요?　　→ _____

⑨ 노래는 좋았어요 / 가수가 별로였어요　　→ _____

⑩ 어제 친구 생일이었어요 / 깜빡했어요　　→ _____

２．次の中から適切なものを選び、つなげなさい。(Point4-2 参照)

① 너무 비싸요　　　・　　　　・　연락해 주세요.

② 공항에 도착하면　・　　　　・　기다려 주세요.

③ 잠깐만　　　　　・　　　　・　싸게 해 주세요.

④ 여기에 주소를　　・　　　　・　적어 주세요.

３．|Point4-3| を参考にして例のようにしなさい。

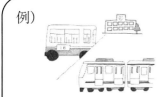
例)　　가 : 학교에는 어떻게 가요? (버스와 지하철)
　　　　　(学校にはどうやって行きますか?)
　　나 : 버스와 지하철로 가요.
　　　　　(バスと地下鉄で行きます)

①
가 : 휴가는 어디로 갈 거예요? (미국)
나 : _____

②
가 : 어떻게 연락을 할까요? (메일)
나 : _____

③

가 : 어쩌죠? 엘리베이터가 고장 났어요. (계단)
나 : 그럼, _____

④

가 : 뭐 타고 왔어요? (택시)
나 : 늦어서 _____

## ４．次の文を韓国語に直しなさい。

① ご飯はあるけど、おかずがありません。　→ _____

② 牛乳でチーズを作ります。　→ _____

③ 好きな人がいたけど、別れました。　→ _____

④ もう一度読んで下さい。　→ _____

CD15

## 읽어 봅시다 読んでみましょう

次の文を声に出して読んで、質問に〇×で答えなさい。

한국에서는 뭐든지 집까지 배달해 줍니다.

그래서 아주 편리해요.

저는 피자를 좋아하는데, 집 근처에 있는 "빠르고 맛있는 한국피자"를
자주 이용합니다.

"한국피자"는 24시간 영업해요.

그래서 언제 어디서나 맛있는 피자를 먹을 수 있어요.

가끔 라지 사이즈를 주문하면 음료수를 공짜로 줍니다.

그리고 쿠폰을 보여 주면 30퍼센트까지 할인을 받을 수 있어요.

최근에 쌀로 만든 피자가 신제품으로 나왔는데, 건강에도 좋고
너무 맛있어서 자주 이용합니다.

① 한국에서는 피자를 시킬 수 없어요. (　　　)

② 라지 사이즈 피자를 주문하면 음료수는 무료예요. (　　　)

③ "빠르고 맛있는 한국피자"는 저녁 10시에 문을 닫아요. (　　　)

# 제 5과  김 선생님 댁이지요?

☞ **Point** : 尊敬語, ～지요?, ～(으)ㄹ 거예요

CD16

노무라 : 여보세요? 거기 김 선생님 **댁이지요?**

사모님 : 네, 그렇습니다.

노무라 : 안녕하세요? 저는 제자 노무라인데요.

　　　　김 선생님 **계십니까? 계시면** 좀 바꿔 주세요.

사모님 : 어쩌죠?

　　　　지금 볼 일이 있어서 **외출하셨는데요.**

　　　　아마 저녁 **드시고** 늦게 **들어오실 거예요.**

노무라 : 아, **그러세요?**

　　　　그럼 제가 이따가 다시 전화 **드리겠습니다.**

　　　　안녕히 계세요.

# CD17 새 단어 （新しい単語）

| | | | |
|---|---|---|---|
| **【ㄱ】** | | 슈퍼 | スーパー |
| 값 | 値段 | 시어머니 | 姑 |
| 계시다 | いらっしゃる | **【ㅇ】** | |
| 기분이 좋다 | 気分がいい | 아마 | たぶん |
| 김 | 海苔 | 어쩌죠? | どうしましょう？ |
| 꼭 | 必ず、ぜひ | 오전 중 | 午前中 |
| **【ㄴ】** | | 외출하다 | 外出する |
| 나이 | 年齢 | 이따가 | 後で |
| **【ㄷ】** | | 입에 맞다 | 口に合う |
| 다시는 | 二度と | **【ㅈ】** | |
| 댁 | お宅 | 자리 | 席 |
| 드리다 | 差し上げる | 제자 | 弟子 |
| **【ㅂ】** | | 지금쯤 | 今頃 |
| 바꾸다 | 変える | **【ㅎ】** | |
| 볼 일 | 用事 | 혹시 | もしかして |
| **【ㅅ】** | | | |
| 사장님 | 社長 | | |

# 포인트(Point)

## 5-1　用言の語幹＋～(으)시 (～される、～なさる) 尊敬語

☞ 儒教の国である韓国では尊敬語が非常に発達している。日本語の尊敬語とは違って韓国では身内に対しても目上であれば尊敬語を使う。(絶対尊敬語)

☞ 体言の場合は「～(이)시다 (～でいらっしゃる) 」を使う。

・어디 가십니까?

・무엇을 만드십니까?

・요즘 어떻게 지내세요?

・여기에 앉으세요.

・우리 회사의 사장님이십니다.

・혹시 야구선수가 아니세요?

### ▼ 絶対尊敬語と相対尊敬語

日本 (相対尊敬語) では、他人の前で身内の事を話す時、「部長はただいま席をはずしております」(부장은 지금 없습니다) や「父はおりません」(아버지는 없습니다) というが、韓国 (絶対尊敬語) では、「部長様はただいまいらっしゃいません」(부장님은 지금 안 계십니다) や「お父さまはいらっしゃいません」(아버님은 안 계십니다) と相手に関係なく自分より目上の人の行動には尊敬語を使う。

※「～(으)세요」は「～してください」という丁寧な命令としても用いられる。

(『Point で学ぶ韓国語 1 』p118 参照)

CD18

## 5-2　特殊な尊敬語

☞ 日本語に「食べる→召し上がる」などがあるように、韓国語にも次のような特殊な
尊敬語があるので、覚えて使いましょう。

| | | | | | | |
|---|---|---|---|---|---|---|
| 動詞・存在詞 | 있다<br>(いる) | → | 계시다<br>(いらっしゃる) | 말하다<br>(話す) | → | 말씀하시다<br>(おっしゃる) |
| | 먹다<br>(食べる) | → | 드시다 / 잡수시다<br>(召し上がる) | 주다<br>(やる) | → | 드리다<br>(差し上げる) |
| | 마시다<br>(飲む) | → | 드시다<br>(召し上がる) | 아프다<br>(痛い) | → | 편찮으시다<br>(お加減が悪い) |
| | 자다<br>(寝る) | → | 주무시다<br>(お休みになる) | 만나다<br>(会う) | → | 뵙다<br>(お目にかかる) |
| | 죽다<br>(死ぬ) | → | 돌아가시다<br>(お亡くなりになる) | 데리고 가다/오다<br>(連れて行く) | → | 모시고 가다/오다<br>(お連れする) |
| 名詞・代名詞 | 집<br>(家) | → | 댁<br>(お宅) | 말<br>(言葉) | → | 말씀<br>(お言葉、お話) |
| | 이름<br>(名前) | → | 성함<br>(お名前) | 나이<br>(年) | → | 연세<br>(お年) |
| | 밥<br>(飯) | → | 진지<br>(お食事) | 생일<br>(誕生日) | → | 생신<br>(お誕生日) |
| | 병<br>(病気) | → | 병환<br>(お加減) | 이 사람<br>(この人) | → | 이 분<br>(この方) |
| 助詞 | ～가/이<br>(～が) | → | ～께서<br>(～が) | ～에게/한테<br>(～に) | → | ～께<br>(～に) |
| | ～는/은<br>(～は) | → | ～께서는<br>(～は) | ～에게서/한테서<br>(～から) | → | ～께로부터<br>(～から) |
| | ～도<br>(～も) | → | ～께서도<br>(～も) | | | |
| 接尾辞 | 아버지<br>(父) | → | 아버님<br>(お父さま) | 어머니<br>(母) | → | 어머님<br>(お母さま) |
| | 아들<br>(息子) | → | 아드님<br>(ご子息) | 딸<br>(娘) | → | 따님<br>(お嬢さま) |
| | 선생<br>(先生) | → | 선생님<br>(先生) | 사장<br>(社長) | → | 사장님<br>(社長) |

## 5–3　用言の語幹＋～지요? (～でしょう?)

☞　相手に確認や同意を求める時に使う。

☞　「～지요?」は、「～죠?」と短縮されることも多い。

・김치가 좀 맵**지요?**

・오늘 날씨가 아주 좋**지요?**

・영수 씨는 지금 집에 있**죠?**


☞　婉曲的な命令や勧誘の時、提案や要請の意を表す。

　　普通目上の人に使うことが多いので、丁寧な表現「～(으)시」と一緒に使う。

・점심이나 같이 하시**지요.**

・이쪽으로 앉으시**지요.**

・기분도 좋은데 한잔하시**지요.**


## 5–4　用言の語幹＋～(으)ㄹ 거예요 (～するつもりです、～でしょう)

☞　「～するつもりです」「～でしょう」「～と思います」という意味を持つ。

　　叙述文の場合は、１人称が意志、２・３人称が推量、

　　疑問文の場合は、２人称が意志、３人称が推量を表す。

・아버지는 오늘 늦을 **거예요.**

・저는 이제 그 사람을 안 만날 **거예요.**

・내일 갈 **거예요.**

☞　名詞に続く時は「～(이)ㄹ 거예요」となる。

　　過去に対する推測の場合は「～았/었을 거예요」となる。

・수요일이 시험일 **거예요.**

・지금쯤 부산에 도착했을 **거예요.**

# 연습문제 (練習問題)

## 1. 次の単語を特殊な尊敬語に直しなさい。(Point5-1・2参考)

| | | | |
|---|---|---|---|
| ① 있다 | 계시다 | ⑬ 자다 | |
| ② 이름 | | ⑭ 주다 | |
| ③ 말 | | ⑮ 밥 | 진지 |
| ④ 말하다 | | ⑯ 나이 | |
| ⑤ 마시다 | | ⑰ ～가/이 | |
| ⑥ 병 | | ⑱ 먹다 | |
| ⑦ 아프다 | | ⑲ 집 | |
| ⑧ 아버지 | 아버님 | ⑳ 생일 | |
| ⑨ 만나다 | | ㉑ 선생 | |
| ⑩ 이 사람 | | ㉒ ～도 | |
| ⑪ ～에게/한테 | | ㉓ 어머니 | |
| ⑫ 죽다 | | ㉔ 아들 | |

## 2. 次の ＿＿＿＿ を尊敬語に書き換え、文を完成させなさい。

① 약속시간은 몇 시로 하겠어요?　　　→ ＿＿＿＿＿＿＿＿＿＿＿＿＿＿＿

② 일본에 오면 꼭 연락해 주세요.　　　→ ＿＿＿＿＿＿＿＿＿＿＿＿＿＿＿

③ 음식이 입에 맞아요?　　　　　　　→ _____

④ 그 사람은 지금 자리에 없어요.　　→ _____

⑤ 부모님에게 주려고 선물을 샀어요.　→ _____

⑥ 점심은 뭘 먹겠어요?　　　　　　　→ _____

⑦ 할아버지는 지금 많이 아파요.　　　→ _____

⑧ 할머니, 나이가 어떻게 돼요?　　　→ _____


3.　Point5-3 を参考にして例のようにしなさい。

例) 김치가 조금 맵습니까? →김치가 조금 맵지요?
　　(キムチが少し辛いですか?)　　(キムチが少し辛いでしょう?)


① 이 집 자장면은 정말 맛있어요?　　→ _____

② 꼭 같이 갑시다.　　　　　　　　　→ _____

③ 한국은 처음이 아니에요?　　　　　→ _____

④ 여기가 남대문 시장입니까?　　　　→ _____

⑤ 지난 주말은 날씨가 좋았어요?　　　→ _____

4． Point5-4 を参考にして例のようにしなさい。

例)
가 : 주말에 뭐 해요? (집 / 있다)
(週末何をしますか？)　(家 / いる)
나 : 아마 집에 <u>있을 거예요.</u>
(たぶん家にいるつもりです)

①

가 : 다음 주 주말에 약속이 있어요? (친구/한국에 가다)
나 : 네, _____

②

가 : 비행기는 언제 도착해요? (지금쯤/도착했다)
나 : 아마 _____

③

가 : 시어머니께서 언제 오세요? (내일/오전 중/오시다)
나 : _____

④

가 : 김을 사고 싶은데 어디가 좋을까요? (값/비싸다)
나 : 백화점은 _____. 슈퍼에서 사세요.

５．次の文を韓国語に直しなさい。

① 社長は今席におりません。　　　→ _____

② キムチがちょっと辛いでしょう？　→ _____

③ 週末に洗濯と掃除をするつもりです。→ _____

④ ご両親にもよろしくお伝えください。→ _____

CD19

## 읽어 봅시다 読んでみましょう

次の文を声に出して読んで、質問に〇×で答えなさい。

가 : 여보세요, 김 성한 씨 댁이죠?

나 : 네, 전데요.

가 : 안녕하세요? 서울병원인데요. 전에 건강검진 신청하셨지요?

나 : 네, 맞습니다.

가 : 검사 날짜가 다음 주 월요일로 잡혔는데 괜찮으세요?

나 : 아마 괜찮을 거예요.

가 : 그럼 오전 10 시까지 병원으로 오시고, 건강보험증 잊지 마세요.

　　 그리고 검사 전날 밤 9 시부터는 아무것도 드시면 안 됩니다.

나 : 네, 잘 알겠습니다.

① 다음 주 일요일에는 건강검진을 받아요. (　　)
② 병원에는 오전 9 시까지 가야 돼요. (　　)
③ 검사하는 날 아침은 먹어도 괜찮아요. (　　)

# 한국의 공휴일·기념일

## 공휴일 祝祭日

| 名　　称 | | 日付 |
|---|---|---|
| 신정 | 元旦 | １月１日 |
| 설날(구정) | 旧正月＊ | 旧暦１月１日 |
| 삼일절 | 三一節(独立運動記念日) | ３月１日 |
| 어린이날 | 子供の日 | ５月５日 |
| 석가탄신일 | 釈迦誕生日＊ | 旧暦４月８日 |
| 현충일 | 顕忠日(忠霊記念日) | ６月６日 |
| 광복절 | 光復節(独立記念日) | ８月１５ |
| 추석 | 秋夕＊ | 旧暦８月１５日 |
| 개천절 | 開天節(建国記念日) | １０月３日 |
| 크리스마스 | クリスマス | １２月２５日 |

## 기념일 記念日

| 名　　称 | | | | 日付 |
|---|---|---|---|---|
| 정월 대보름 | 正月テボルム＊ | | | 旧暦１月１５日 |
| 식목일 | 植木日 | | | ４月５日 |
| 어버이날 | 父母の日 | | | ５月８日 |
| 스승의 날 | 先生の日 | | | ５月１５日 |
| 단오 | 端午＊ | | | 旧暦５月５日 |
| 제헌절 | 制憲節 | | | ７月１７日 |
| 삼복 | 초복 | 三伏 | 初伏 | ７月１４日 |
| | 중복 | | 中伏 | ７月２４日 |
| | 말복 | | 末伏 | ８月１３日 |
| 국군의 날 | 国軍の日 | | | １０月１日 |
| 한글날 | ハングルの日 | | | １０月９日 |
| 동지 | 冬至 | | | １２月２２日 |

＊は旧暦のため、毎年日にちが変わります。

# 제 6과  잘 생긴 남자가 좋아요

☞ **Point** ：現在連体形, ～보다, ～지만, ～아/어도

CD20

영　진 : 노무라 씨, 이상형이 어떻게 돼요?

노무라 : 이상형이요?

　　　　음... 저는 키가 크고 잘 생긴 남자가 좋아요.

　　　　하지만, 무엇**보다** 성격이 좋아야 해요.

　　　　영진 씨는 어때요?

영　진 : 글쎄요. 저는 저**보다** 키가 작**은** 여자가 좋아요.

　　　　예쁘고 머리가 긴 여자면 더 좋고요.

노무라 : 그럼 예쁘**지만**, 성격이 나쁜 사람은 어때요?

영　진 : 그런 사람은 싫어요.

　　　　오히려 조금 못생겨**도** 마음이 착한 사람이

　　　　좋아요.

46

# CD21 새 단어（新しい単語）

| 【ㄱ】 | | 【ㅇ】 | |
|---|---|---|---|
| 고속버스 | 高速バス | 아까 | さっき |
| 근처 | 近所 | 아무리 | いくら、どんなに |
| 김치찌개 | キムチチゲ | 약을 먹다 | 薬を飲む |
| 【ㄴ】 | | 에어컨을 켜다 | エアコンをつける |
| 나쁘다 | 悪い | 여름 | 夏 |
| 낮다 | 低い | 오히려 | むしろ、かえって |
| 넓다 | 広い | 이렇다 | こうだ |
| 노랗다 | 黄色い | 이상형 | (理想の)タイプ |
| 농구 | バスケットボール | 입맛이 없다 | 食欲が無い |
| 【ㄷ】 | | 【ㅈ】 | |
| 달다 | 甘い | 잘 생기다 | ハンサムだ |
| ～데 | ～所 | 짧다 | 短い |
| 딸기 | イチゴ | 【ㅊ】 | |
| 똑같다 | 同じだ | 최고 | 最高 |
| 【ㅁ】 | | 출근하다 | 出勤する |
| 마음이 착하다 | 心が優しい | 치마 | スカート |
| 머리가 길다 | 髪が長い | 【ㅋ】 | |
| 멋있다 | 素敵だ、格好いい | 키가 작다 | 背が低い |
| 못 생기다 | みにくい | 【ㅍ】 | |
| 무섭다 | 怖い | 편하다 | 楽だ |
| 물건 | 品物 | 【ㅎ】 | |
| 【ㅂ】 | | 한라산 | 漢拏山（山の名前） |
| 복잡하다 | 混む、複雑だ | 회의 중 | 会議中 |
| 빠르다 | 速い、早い | 효과 | 効果 |
| 【ㅅ】 | | | |
| 성격 | 性格 | | |

# 포인트(Point)

## 6-1　現在連体形

☞ 連体形とは、用言（動詞・形容詞・存在詞・指定詞）が体言を修飾する形態の事
をいう。日本語では、「大きい家」の「大きい」に当たる部分が連体形である。

$$\text{大きい} + \text{家} \Rightarrow \text{大きい家}$$

形容詞(終止形)　　　名詞　　　　　形容詞(連体形)+名詞

☞ 韓国語では、**形容詞**と**動詞**の連体形の形が違うので注意！

### 用言の現在連体形の活用

|  | パッチム | 未来<br>（推測） | 現在<br>（持続） | 過去<br>（完了） | 過去<br>（回想） |
|---|---|---|---|---|---|
| 動詞・存在詞 | 無 | ㄹ | 는 | ㄴ | 던 |
| | 有 | 을 | | 은 | |
| 形容詞・指定詞 | 無 | ㄹ | ㄴ | 던 | |
| | 有 | 을 | 은 | | |

### ① 動詞・存在詞

| | |
|---|---|
| パッチム無：語幹 ＋ 는 | 마시다 ＋ 사람　→　마시는 사람<br>(飲む)　　(人)　　　(飲む人)<br>공부하다 ＋ 학생　→　공부하는 학생<br>(勉強する)　(学生)　(勉強する学生) |
| パッチム有：語幹 ＋ 는 | 먹다 ＋ 것　→　먹는 것<br>(食べる)　(事)　(食べる事)<br>맛있다 ＋ 빵　→　맛있는 빵<br>(美味しい)　(パン)　(美味しいパン) |
| ㄹ語幹：ㄹ脱落 ＋ 는 | 만들다 ＋ 법　→　만드는 법<br>(作る)　　(方法)　(作る方法)<br>알다 ＋ 사람　→　아는 사람<br>(知る)　　(人)　(知っている人) |

② 形容詞・指定詞

| | |
|---|---|
| パッチム無：語幹 ＋ ㄴ | 예쁘다 ＋ 꽃　　→　예쁜 꽃<br>(きれいだ)　(花)　　　　(きれいな花)<br><br>회의 중이다 ＋ 사장님　→　회의 중인 사장님<br>(会議中だ)　　(社長)　　　(会議中の社長) |
| パッチム有：語幹 ＋ 은 | 좋다 ＋ 친구　　→　좋은 친구<br>(良い)　(友達)　　　(良い友達)<br><br>작다 ＋ 가방　　→　작은 가방<br>(小さい)　(カバン)　　(小さいカバン) |
| ㄹ語幹：ㄹ脱落 ＋ ㄴ | 길다 ＋ 머리　　→　긴 머리<br>(長い)　(髪)　　　(長い髪)<br><br>달다 ＋ 음식　　→　단 음식<br>(甘い)　(食べ物)　　(甘い食べ物) |

## 【変則の現在連体形】

| | |
|---|---|
| ㅂ変則<br>「ㅂ」が脱落し「운」が付く | 어렵다 ＋ 문제　　→　어려운 문제<br>(難しい)　(問題)　　(難しい問題)<br><br>무섭다 ＋ 영화　　→　무서운 영화<br>(怖い)　(映画)　　　(怖い映画) |
| ㅎ変則<br>「ㅎ」が脱落し「ㄴ」が付く | 노랗다 ＋ 손수건　　→　노란 손수건<br>(黄色い)　(ハンカチ)　　(黄色いハンカチ)<br><br>이렇다 ＋ 물건　　→　이런 물건<br>(こうだ)　(品物)　　(こんな品物) |
| 「～하다」の形容詞<br>「語幹 ＋ ㄴ」になる | 조용하다 ＋ 데　　→　조용한 데<br>(静かだ)　　(所)　　(静かな所)<br><br>깨끗하다 ＋ 식당　　→　깨끗한 식당<br>(清潔だ)　　(食堂)　　(清潔な食堂) |

## 6-2　体言＋～보다 (～より)

☞ 体言に付いて比較の意を表す。
☞ 比較の基準になるものより量やサイズが大きい時は「더」を、小さい時は「덜」
　 を用いる場合もある。
　・저는 비빔밥**보다** 냉면을 좋아해요.
　・한라산**보다** 후지산이 **더** 높아요.
　・바지**보다** 치마가 **더** 잘 어울려요.
　・약을 먹어서 아까**보다** **덜** 아파요.

## 6-3　用言の語幹＋～지만 (～けれども、～が)

☞ 逆説の意を表す。
☞ なお、「名詞＋～(이)지만」の形で用いられ、過去形は「～았/었지만」の形で
　 用いられる。
　・수미 씨는 예쁘**지만**, 성격이 안 좋아요.
　・지하철은 싸고 빠르**지만**, 사람이 많아서 복잡해요.
　・철수 씨는 가수**지만**, 노래를 잘 못해요.

## 6-4　用言の語幹＋～아/어도 (～しても、～くても)

☞ 仮定や譲歩の意を表す。
☞ 「～아/어도 괜찮다(～しても大丈夫)」「～아/어도 되다・좋다(～してもいい)」の形で
　 用いられる。
☞ 「아무리」と一緒に使うと強調の意味が増す。
　・**아무리** 맛있**어도** 다 먹으면 안 돼요.
　・내일 비가 **와도** 출발하겠습니다.
　・영수 씨는 키가 작**아도** 농구를 잘합니다.
　・여기서 담배를 피워**도** 괜찮아요.
　・이거 먹**어도** 돼요?

# 연습문제 (練習問題)

## 1．次の単語を現在連体形に直しなさい。(Point6-1 参考)

| ① 하다 + 일 | 하는 일<br>(していること) | ⑪ 좋다 + 친구 | (良い友達) |
|---|---|---|---|
| ② 먹다 + 것 | (食べること) | ⑫ 높다 + 산 | (高い山) |
| ③ 알다 + 사람 | (知っている人) | ⑬ 노랗다 + 손수건 | (黄色いハンカチ) |
| ④ 가다 + 길 | (行く道) | ⑭ 작다 + 가방 | 작은 가방<br>(小さいカバン) |
| ⑤ 맛없다 + 빵 | (美味しくないパン) | ⑮ 바쁘다 + 날 | (忙しい日) |
| ⑥ 살다 + 집 | (住んでいる家) | ⑯ 달다 + 음식 | (甘い食べ物) |
| ⑦ 모르다 + 사람 | (知らない人) | ⑰ 편하다 + 옷 | (楽な服) |
| ⑧ 찾다 + 책 | (探している本) | ⑱ 예쁘다 + 꽃 | (きれいな花) |
| ⑨ 듣다 + 노래 | (聞いている歌) | ⑲ 어렵다 + 발음 | (難しい発音) |
| ⑩ 멋있다 + 그림 | (素敵な絵) | ⑳ 똑같다 + 것 | (同じもの) |

## 2．次の（　）の単語を現在連体形に変えて＿＿＿＿に書きなさい。

① 제 취미는 노래 ＿＿＿＿＿＿＿ 것이에요. (➡부르다)

② ＿＿＿＿＿＿＿ 치마가 너무 잘 어울려요. (➡짧다)

③ 저기 키가 ＿＿＿＿＿＿＿＿ 사람이 우리 형이에요. (➡크다)

④ 한국에 ＿＿＿＿＿＿＿ 사람이 있어요? (➡알다)

⑤ _____ 일은 어떠세요? (⑧하시다)

⑥ 그런데 _____ 다나카 씨는 언제 출근해요? (⑧휴가 중이다)

⑦ _____ 단어가 많아서 힘들어요. (⑧모르다)

⑧ 이 근처에 _____ 커피숍이 있어요? (⑧조용하다)

⑨ 요즘 뭐 _____ 영화 없어요?(⑧재미있다)

⑩ 고속버스 _____ 데가 어디입니까? (⑧타다)

⑪ _____ 날씨에는 팥빙수가 최고예요. (⑧덥다)

⑫ 이번 여름에는 _____ 색이 유행이에요. (⑧노랗다)


３． Point6-2 を参考にして例のようにしなさい。

例)  치마(좋다) / 바지(싫다)

치마가 <u>바지**보다** 좋아요.</u>
（スカートがズボンよりいいです）
바지가 <u>치마**보다** 싫어요.</u>
（ズボンがスカートより嫌いです）

① 사과(많다) / 딸기(적다)

사과가 _____

딸기가 _____

② 후지산(높다) / 한라산(낮다)

후지산이 ＿＿＿＿＿＿＿＿＿＿＿

한라산이 ＿＿＿＿＿＿＿＿＿＿＿

③ 커피(비싸다) / 물(싸다)

커피가 ＿＿＿＿＿＿＿＿＿＿＿

물이 ＿＿＿＿＿＿＿＿＿＿＿

④ 한국어(재미있다) / 영어(재미없다)

한국어가 ＿＿＿＿＿＿＿＿＿＿＿

영어가 ＿＿＿＿＿＿＿＿＿＿＿

４．Point6-3 を参考にして例のようにしなさい。

例) 동생은 키가 작다 / 농구를 잘하다
（弟は背が低い）　（バスケットが上手だ）
→ 동생은 키가 **작지만**, 농구를 잘해요.
（弟は背が低いけど、バスケットが上手です）

① 김치찌개는 맵다 / 맛있다　　→ ＿＿＿＿＿＿＿＿＿＿＿

② 일본사람이다 / 낫토를 못 먹다　→ ＿＿＿＿＿＿＿＿＿＿＿

③ 술은 마시다 / 담배는 안 피우다　→ ＿＿＿＿＿＿＿＿＿＿＿

④ 한국어는 어렵다 / 재미있다　　→ ＿＿＿＿＿＿＿＿＿＿＿

⑤ 약을 먹었다 / 효과가 없다　　→ ＿＿＿＿＿＿＿＿＿＿＿

5. │ Point6-4 │를 참고해서 예의 같이 하세요.

> 例) 비가 오다 / 가겠습니다 → 비가 **와도** 가겠습니다.
> (雨が降る)　　(行きます)　　(雨が降っても行きます)

① 전화하다 / 받지 않아요　　　→ _____

② 늦다 / 꼭 오세요　　　　　　→ _____

③ 입맛이 없다 / 많이 드세요　　→ _____

④ 에어컨을 켜다 / 너무 더워요　→ _____

⑤ 아무리 생각하다 / 모르겠어요　→ _____


6. 次の文を韓国語に直しなさい。

① 狭い部屋より広い部屋がいいです。
　　　　　　　　　　　　　　　　　→ _____

② 飛行機は高いけど、船より楽です。　→ _____

③ 薬は嫌でも飲まなければなりません。　→ _____

④ 弟は背が小さくてもサッカーが上手です。→ _____

CD22

## 읽어 봅시다 読んでみましょう

次の文を声に出して読んで、質問に〇×で答えなさい。

90년대 한국에서 유행한 가요 중에 "희망사항"이라는 노래가 있어요.
이 노래는 어떤 남자가 자기의 이상형을 이야기하는 내용이에요.
가사 중 재미있는 몇 소절을 소개하겠습니다.

　　♪♪ 청바지가 잘 어울리는 여자.
　　　　밥을 많이 먹어도 배 안 나오는 여자.
　　　　내 얘기가 재미없어도 웃어주는 여자.
　　　　난 그런 여자가 좋더라.
　　　　김치볶음밥을 잘 만드는 여자.
　　　　내가 돈이 없을 때에도 마음 편하게 만날 수 있는 여자.
　　　　뚱뚱해도 다리가 예뻐서 짧은 치마가 어울리는 여자.
　　　　난 그런 여자가 좋더라. ♪♪

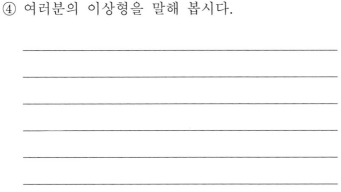

① 이 노래는 여자가 자기의 이상형을 이야기하는
　　내용이에요. (　　　)
② 80년대 한국에서 유행한 노래예요. (　　　)
③ 김치볶음밥을 잘 만드는 남자가 좋아요. (　　　)
④ 여러분의 이상형을 말해 봅시다.

_____

_____

_____

_____

_____

_____

# 제 7 과  같이 가는 건 어때요?

☞ **Point**  : 過去・未来連体形, 〜(으)ㄴ 지, 〜네요, 〜(으)ㄹ 때

CD23

영　진 : 한국에 온 **지** 벌써 1 년이 다 됐**네요**.
　　　　노무라 씨, 야구 좋아하세요?

노무라 : 네, 좋아하는데 시간이 없어서 야구장에는
　　　　자주 못 가요. 영진 씨는 자주 가세요?

영　진 : 네, 저는 한 달에 두세 번은 꼭 가요.
　　　　그저께 본 **시합**은 진짜 재미있었어요.

노무라 : 그래요?
　　　　다음에 갈 **때** 저도 꼭 데려가 주세요.

영　진 : 그럼 이번 주말에 야구시합이 있는데
　　　　같이 가는 건 어때요?

노무라 : 네, 좋아요.

56

# 새 단어（新しい単語） CD24

| | | | |
|---|---|---|---|
| **【ㄱ】** | | 사용하다 | 使用する |
| 긴장되다 | 緊張する | 순가락 | スプーン |
| 꽤 | かなり | 시합 | 試合 |
| **【ㄴ】** | | **【ㅇ】** | |
| 낫다 | 治る、（〜より）ましだ | 야구장 | 野球場 |
| 냉장고 | 冷蔵庫 | 월급날 | 給料日 |
| **【ㄷ】** | | 음료수 | 飲料水 |
| 데려가다 | 連れていく | 이제 | もう |
| 도움 | 助け | 인상 | 印象 |
| **【ㅁ】** | | **【ㅈ】** | |
| 물론 | もちろん | 지나다 | 過ぎる、経つ |
| **【ㅂ】** | | 짓다 | 建てる、炊く |
| 〜밖에 | 〜しか | **【ㅊ】** | |
| 벌써 | もう、すでに | 초등학생 | 小学生 |
| 복날 | 伏日 | **【ㅍ】** | |
| 〜뿐 | 〜だけ | 필요하다 | 必要だ |
| **【ㅅ】** | | | |
| 사귀다 | 付き合う | | |

## 복날（伏日）

　韓国では「복날（伏日）」といって、暑気払いで滋養のあるものを食べる日があります。韓国版「土用丑の日」と言える「복날」は、夏の暑い時期に3回の季節があり、最初の「복날」を「초복（初伏）」、次を「중복（中伏）」、最後を「말복（末伏）」と言います。

　「복날」は旧暦のため毎年日付が変わりますが、大体7月中旬〜8月中旬です。「郷に入っては郷に従え」の格言どおり、7・8月に韓国を訪れたら、韓国流の暑気払いにサムゲタンなどを試してみてはいかがでしょうか。

57

# 포인트(Point)

## 7-1　過去・未来連体形

☞ 形容詞の現在連体形と動詞の過去連体形は同じ「～ㄴ/은」なので注意！
☞ 「今日、行く人」「明日、行く人」のように日本語には未来連体形がない。

### 用言の過去・未来連体形の活用

| | パッチム | 未来<br>(推測) | 現在<br>(持続) | 過去<br>(完了) | 過去<br>(回想) |
|---|---|---|---|---|---|
| 動詞・存在詞 | 無 | ㄹ | 는 | ㄴ | 던 |
| | 有 | 을 | | 은 | |
| 形容詞・指定詞 | 無 | ㄹ | ㄴ | 던 | |
| | 有 | 을 | 은 | | |

① 用言の過去連体形

| | |
|---|---|
| パッチム無：語幹 ＋ ㄴ | 가다 ＋ 사람 → 간 사람<br>(行く)　(人)　　(行った人)<br>보다 ＋ 영화 → 본 영화<br>(見る)　(映画)　(見た映画) |
| パッチム有：語幹 ＋ 은 | 읽다 ＋ 책 → 읽은 책<br>(読む)　(本)　(読んだ本)<br>받다 ＋ 편지 → 받은 편지<br>(もらう)　(手紙)　(もらった手紙) |
| ㄹ語幹：ㄹ脱落 ＋ ㄴ | 만들다 ＋ 음식 → 만든 음식<br>(作る)　(料理)　(作った料理)<br>팔다 ＋ 집 → 판 집<br>(売る)　(家)　(売った家) |

## ② 用言の未来連体形

| | |
|---|---|
| パッチム⊕無：語幹 ＋ ㄹ | |
| パッチム⊕有：語幹 ＋ 을 | |
| ㄹ語幹：語幹そのまま | |

가다 ＋ 사람　　　 → 　갈 사람
(行く)　(人)　　　　　(行くつもりの人)

보다 ＋ 영화　　　 → 　볼 영화
(見る)　(映画)　　　　(見るつもりの映画)

읽다 ＋ 책　　　　 → 　읽을 책
(読む)　(本)　　　　　(読むつもりの本)

받다 ＋ 편지　　　 → 　받을 편지
(もらう)　(手紙)　　　(もらうつもりの手紙)

만들다 ＋ 음식　 → 　만들 음식
(作る)　　(料理)　　　(作るつもりの料理)

팔다 ＋ 집　　　　 → 　팔 집
(売る)　(家)　　　　　(売るつもりの家)

## 【変則用言の連体形】

☞ ㅂ変則 ：「으」の前で「ㅂ」が脱落し「우」が付く

| 어렵다 (難しい) | → | 어렵던 (過去) | 어려운 (現在) | 어려울 (未来) |
|---|---|---|---|---|
| 춥다 (寒い) | → | 춥던 (過去) | 추운 (現在) | 추울 (未来) |

☞ ㄷ変則 ： 母音の前で「ㄷ」が脱落し「ㄹ」が付く

| 듣다 (聞く) | → | 들은 (過去) | 듣는 (現在) | 들을 (未来) |
|---|---|---|---|---|
| 걷다 (歩く) | → | 걸은 (過去) | 걷는 (現在) | 걸을 (未来) |

☞ ㅅ変則 ： 母音の前で「ㅅ」脱落

| 짓다 (建てる、炊く) | → | 지은 (過去) | 짓는 (現在) | 지을 (未来) |
|---|---|---|---|---|
| 낫다 (治る、ましだ) | → | 나은 (過去) | 낫는 (現在) | 나을 (未来) |

## 7–2　動詞の語幹＋〜(으)ㄴ 지 (〜してから)

☞ 「〜してから」「〜して以来」の意味で、大体は期間を表す単語と「〜되다」
「〜지나다」が続く。
- 한국어 공부를 시작한 **지** 얼마나 됐어요?
- 사귄 **지** 반년 만에 결혼했어요.
- 한국에 산 **지** 꽤 오래 됐어요.
- 아르바이트를 그만둔 **지** 한 달 됐어요.

## 7–3　用言の語幹＋〜네요 (〜ですね)

☞ 感嘆の意を表す。
☞ 「ㄹ語幹」では「ㄹ」が脱落する。
☞ 似たような表現に「〜군요」もあるが、動詞の現在形には「〜는군요」になる。
☞ 「〜네요(〜ですね) 」は、新しい発見の感嘆。
　「〜군요(それで〜なんですね) 」は、納得・理解の感嘆。
- 한국말 정말 잘하시**네요**.
- 요즘은 조금 힘드**네요**.
- 이 식당은 항상 손님이 많**네요**.
- 복날에는 삼계탕을 먹**는군요**.

## 7–4　用言の語幹＋〜(으)ㄹ 때 (〜する時)

☞ その動作や状態が進行するときや、進行する間を表す。
　名詞には「〜때」が付いて時間を表す。
- 따뜻할 **때** 드세요.
- 어렸을 **때** 일본에서 살았습니다.
- 한국어로 말할 **때**는 항상 긴장돼요.
- 방학 **때** 미국으로 여행 가려고 해요.
- 초등학생 **때**부터 수영을 배웠어요.

# 연습문제 （練習問題）

## 1. 次の単語を過去・未来連体形に直しなさい。（Point7-1 参考）

| ① 사다 ＋ 책 | 산 책<br>（買った本） | 살 책<br>（買うつもりの本） |
|---|---|---|
| ② 먹다 ＋ 음식 | （食べた料理） | （食べるつもりの料理） |
| ③ 보다 ＋ 영화 | （見た映画） | （見るつもりの映画） |
| ④ 바꾸다 ＋ 돈 | （両替したお金） | （両替するつもりのお金） |
| ⑤ 만들다 ＋ 요리 | （作った料理） | （作るつもりの料理） |
| ⑥ 만나다 ＋ 친구 | （会った友達） | （会うつもりの友達） |
| ⑦ 입다 ＋ 옷 | （着た服） | （着るつもりの服） |
| ⑧ 듣다 ＋ 애기 | （聞いた話） | （聞くつもりの話） |
| ⑨ 읽다 ＋ 책 | （読んだ本） | （読むつもりの本） |
| ⑩ 짓다 ＋ 집 | （建てた家） | （建てるつもりの家） |

## 2. 次の（　）の単語を過去・未来連体形に変えて＿＿＿＿に書きなさい。

① 어제 ＿＿＿＿＿＿ 영화는 아주 재미있었어요. (⬤보다)

② 냉장고에 ＿＿＿＿＿＿ 음식이 하나도 없어요. (⬤먹다)

③ 어제 ＿＿＿＿＿＿ 사람은 인상이 어땠어요? (⬤만나다)

④ 지난주에 ＿＿＿＿＿＿ 불고기를 또 먹고 싶어요. (⬤먹다)

⑤ KTX 안에서 ＿＿＿＿＿＿ 음료수를 조금 샀어요. (⬤마시다)

⑥ 그렇게 _____ 학생이 이제 다섯 명뿐이에요. (⑲많다)

⑦ 제가 _____ 음식인데 한 번 드셔 보세요.( ⑲만들다)

⑧ 기다리고 _____ 월급날이에요. (⑲기다리다)


3. Point7-2 を参考にして例のようにしなさい。

例)

가 : 비행기가 언제 도착했어요? (도착하다)
(飛行機がいつ到着しましたか？)　　(到着する)

나 : **도착한 지** 30 분 됐어요.
(到着してから 30 分経ちました)


① 
가 : 언제 한국에 오셨어요? (오다)
나 : _____ 6 개월 됐어요.


② 
가 : 많이 드세요. (점심을 먹다)
나 : 네, 감사합니다.
　　그런데 _____ 1 시간밖에 안 됐어요.


③ 
가 : 한국말 참 잘하시네요. (배우다)
나 : 아니에요, _____ 1 년 됐지만, 아직 잘 못해요.


④ 
가 : 부산에 오래 사셨어요? (살다)
나 : 네, _____ 꽤 됐는데, 아직 길을 잘 모르겠어요.

4．　Point7-3 を参考にして例のようにしなさい。

例) 이 옷은 참 싸요.　→　이 옷은 참 **싸네요.**
（この服はとても安いです）　（この服はとても安いですね）

① 이 식당은 항상 손님이 많아요.　→　_____

② 한국말을 잘하십니다.　→　_____

③ 잡채가 참 맛있어요.　→　_____

④ 비빔밥을 맛있게 만들어요.　→　_____


5．　Point7-4 を参考にして例のようにしなさい。

例) 밥을 먹어요 / 숟가락을 사용해요
（ご飯を食べます）（スプーンを使います）
→ 한국에서는 밥을 **먹을 때** 숟가락을 사용해요.
（韓国ではご飯を食べるとき、スプーンを使います）

① 비가 와요 / 자전거를 타면 위험해요　→　_____

② 도움이 필요해요 / 언제든지 말씀해 주세요　→　_____

③ 집에 갔어요 / 아무도 없었어요　→　_____

④ 따뜻해요 / 많이 드세요　→　_____

⑤ 방학 / 한국으로 여행 가려고 해요　→　_____

6．次の文を韓国語に直しなさい。

① タバコをやめてから一カ月経ちます。 ＿＿＿＿＿＿＿＿＿＿＿＿＿＿＿＿

② 韓国語がとても上手ですね。 ＿＿＿＿＿＿＿＿＿＿＿＿＿＿＿＿

③ 幼い時、何になりたかったですか？ ＿＿＿＿＿＿＿＿＿＿＿＿＿＿＿＿

④ その映画は見てからかなり経ちました。 ＿＿＿＿＿＿＿＿＿＿＿＿＿＿＿＿

CD25

## 읽어 봅시다 読んでみましょう

**次の文を声に出して読んで、質問に○×で答えなさい。**

오래간만에 부산에 있는 친구를 만났어요.
낮에는 맛있는 것도 먹고 커피숍에서 많은 이야기를 했어요.
저녁에는 친구와 "부산의 명물"인 야구장에 갔어요.
텔레비전으로 보는 것과 많이 달랐어요. 진짜 재미있었어요.
야구장 안에는 여러 가지 음식을 팔고 있었어요.
너무 많아서 뭘 먹을까? 한참 고민했어요.
그리고 팬들의 열정적인 응원이 재미있었어요. 신문지, 라이터, 비닐봉지,
파도타기, 치어리더 등……여러 가지 응원 스타일이 있었어요.
오늘은 우리 팀(롯데 자이언츠)이 이겼어요.
모두 "부산 갈매기"를 부르면서 기뻐했어요.
저도 노래는 잘 모르지만, 친구랑 큰 소리로 따라 불렀어요.

① 저는 비행기를 타고 부산에 갔어요. (　　　)
② 텔레비전으로 보는 야구가 더 재미없어요. (　　　)
③ 노래를 큰 소리로 불렀어요. (　　　)

CD26

### 話し言葉でよく見られる
# 代名詞と助詞の縮約形

| 代名詞＋助詞 | | 縮約形 | 意味 |
|---|---|---|---|
| 이것 | 은 | **이건** | これは |
| 그것 | 은 | **그건** | それは |
| 저것 | 은 | **저건** | あれは |

| 代名詞＋助詞 | | 縮約形 | 意味 |
|---|---|---|---|
| 이것 | 이 | **이게** | これが |
| 그것 | 이 | **그게** | それが |
| 저것 | 이 | **저게** | あれが |
| 어느 것 | 이 | **어느 게** | どれが |

| 代名詞＋助詞 | | 縮約形 | 意味 |
|---|---|---|---|
| 이것 | 을 | **이걸** | これを |
| 그것 | 을 | **그걸** | それを |
| 저것 | 을 | **저걸** | あれを |
| 어느 것 | 을 | **어느 걸** | どれを |

| 代名詞＋助詞 | | 縮約形 | 意味 |
|---|---|---|---|
| 이것 | 으로 | **이걸로** | これで |
| 그것 | 으로 | **그걸로** | それで |
| 저것 | 으로 | **저걸로** | あれで |
| 어느 것 | 으로 | **어느 걸로** | どれで |

| 代名詞＋助詞 | | 縮約形 | 意味 |
|---|---|---|---|
| 것 | | **거** | もの |
| 것 | 이 | **게** | ものが |
| 누구 | 가 | **누가** | 誰が |
| 누구 | 를 | **누굴** | 誰を |

| 代名詞＋助詞 | | 縮約形 | 意味 |
|---|---|---|---|
| 무엇 | | **뭐** | なに |
| 무엇 | 이 | **뭐가** | 何が |
| 무엇 | 을 | **뭘** | 何を |
| 무엇 | 으로 | **뭐로** | 何で |

| 代名詞＋助詞 | | 縮約形 | 意味 |
|---|---|---|---|
| 나 | 가 | **내가** | 私が |
| 나 | 는 | **난** | 私は |
| 나 | 를 | **날** | 私を |
| 나 | 에게 | **내게** | 私に |
| 저 | 가 | **제가** | 私が |
| 저 | 는 | **전** | 私は |
| 저 | 를 | **절** | 私を |
| 저 | 에게 | **제게** | 私に |

| 代名詞＋助詞 | | 縮約形 | 意味 |
|---|---|---|---|
| 너 | 가 | **네가** | 君が |
| 너 | 는 | **넌** | 君は |
| 너 | 를 | **널** | 君を |
| 우리 | 는 | **우린** | 私たちは |
| 우리 | 를 | **우릴** | 私たちを |
| 저희 | 는 | **저흰** | 私たちは |
| 저희 | 를 | **저흴** | 私たちを |

# 제 8 과  매워서 먹기 힘들죠?

 ☞ **Point**  : ㅂ變則,  ～기(가) 힘들어요,  ～잖아요

CD27

영　진 : 한국생활 힘들지 않아요?

노무라 : 처음엔 음식도 안 맞고, 한국말이 **어려워서**

　　　　좀 고생했어요.

영　진 : 한국음식이 **매워서** 먹기 **힘들죠?**

노무라 : 네, 그렇지만 이젠 아무거나 잘 먹어요.

영　진 : 그럼 우리 배도 고픈데 삼계탕 먹으러 갈까요?

　　　　**가까운 곳**에 삼계탕 잘하는 집이 있어요.

노무라 : 네? 이렇게 **더운데** 삼계탕이요?

영　진 : 모르세요? 여름엔 이열치열**이잖아요.**

66

# 새 단어 （新しい単語）

CD28

| 【ㄱ】 | | 무덥다 | 蒸し暑い |
|---|---|---|---|
| 가깝다 | 近い | 밉다 | 憎い |
| 가볍다 | 軽い | **【ㅂ】** | |
| 경치 | 景色 | 반갑다 | （会って）嬉しい |
| 계란 | 卵 | 볼펜 | ボールペン |
| 고맙다 | 有り難い | 부끄럽다 | 恥ずかしい |
| 고생하다 | 苦労する | 부럽다 | 羨ましい |
| 고프다 | （お腹が）空く | 부탁하다 | 頼む、お願いする |
| 곱다 | きれいだ | **【ㅅ】** | |
| 괴롭다 | 苦しい | 쉽다 | 易しい |
| 귀엽다 | 可愛い | 시끄럽다 | うるさい |
| 글씨 | 字 | 싱겁다 | 味が薄い |
| 【ㄴ】 | | **【ㅇ】** | |
| 눕다 | 横になる | 아름답다 | 美しい |
| 【ㄷ】 | | 어둡다 | 暗い |
| 더럽다 | 汚い | 역시 | やはり |
| 돕다 | 手伝う・助ける | 오르다 | 登る、上がる |
| 뜨겁다 | 熱い | 외롭다 | 寂しい |
| 【ㅁ】 | | 이열치열 | 以熱治熱 |
| ～마리 | ～匹 | **【ㅊ】** | |
| 마트 | スーパーマーケット | 차갑다 | 冷たい |
| 맵다 | 辛い | 친절하다 | 親切だ |
| 몸 | 体 | **【ㅎ】** | |
| 무겁다 | 重い | 화면 | 画面 |

## 이열치열 （以熱治熱）

「이열치열」とは、韓国の四字熟語で「熱を以って熱を治す」という意味です。韓国人は、暑い時に蔘鶏湯（サムゲタン）などの熱い料理を食べることで、食欲不振を治したり、夏バテ防止をします。韓国では暑い日に、熱々の料理を汗を流しながら食べている人々の姿をよく見かけます。

# 포인트(Point)

## 8-1  ㅂ変則

☞  語幹がパッチム「ㅂ」で終わる用言の多くが「ㅂ変則」である。
  ①  「～ㄱ」「～ㅈ」で始まる語尾が来ると、変則は起こらない。
  ②  「～으」で始まる語尾が来ると、「ㅂ」が脱落し「으」→「우」に変わる。
  ③  「～아／어」で始まる語尾が来ると、「ㅂ」が脱落し「～아/어」→「～워」に
      変わる。 ただし、「돕다」「곱다」は「～아/어」→「～와」になるので注意。
☞  形容詞の現在連体形の場合は、「ㅂ」が脱落し「운」が付く。

| | 基本形 | 意味 | 変わらない例 | | 変わる例 | | |
|---|---|---|---|---|---|---|---|
| | | | ～고<br>(～て) | ～지만<br>(～けど) | ～(으)면<br>仮定形(～なら) | ～아/어요<br>終止形(～です) | ～(으)ㄴ/～는<br>現在連体形 |
| ㅂ<br>変<br>則 | 춥다 | 寒い | 춥고 | 춥지만 | 추우면 | 추워요 | 추운 |
| | 덥다 | 暑い | 덥고 | 덥지만 | 더우면 | 더워요 | 더운 |
| | 차갑다 | 冷たい | 차갑고 | 차갑지만 | 차가우면 | 차가워요 | 차가운 |
| | 뜨겁다 | 熱い | 뜨겁고 | 뜨겁지만 | 뜨거우면 | 뜨거워요 | 뜨거운 |
| | 어렵다 | 難しい | 어렵고 | 어렵지만 | 어려우면 | 어려워요 | 어려운 |
| | 쉽다 | 易しい | 쉽고 | 쉽지만 | 쉬우면 | 쉬워요 | 쉬운 |
| | 돕다 | 手伝う | 돕고 | 돕지만 | 도우면 | 도와요 | 돕는 |
| | 곱다 | きれいだ | 곱고 | 곱지만 | 고우면 | 고와요 | 고운 |
| 規<br>則 | 입다 | 着る | 입고 | 입지만 | 입으면 | 입어요 | 입는 |
| | 좁다 | 狭い | 좁고 | 좁지만 | 좁으면 | 좁아요 | 좁은 |

※ 입다(着る)、좁다(狭い) 、잡다(つかむ、握る)、씹다(噛む)、뽑다(抜く・選ぶ)、
   접다(折る)、 업다(背負う)、 넓다(広い)などは「規則」なので注意。

## 8-2　動詞の語幹＋〜기(가) 힘들어요 （〜しにくいです）

☞ 動詞の語幹に「〜기」を付けると「〜すること」という意味の名詞形になる。
　　また、「〜기」の後の「〜가」は省略することができる。

☞ 「〜기 좋아요」「〜기 싫어요」/「〜기 쉬워요」「〜기 어려워요」/
　　などの表現もよく使われる。

　・중국어는 발음하기 **힘들어요**.
　・그 대학은 들어가기 **어려워요**.
　・매워서 먹기 **싫어요**.
　・이 볼펜은 쓰기 **쉬워요**.
　・화면이 너무 작아서 보기 **힘들어요**.

## 8-3　用言の語幹＋〜잖아요 （〜じゃないですか）

☞ 相手にある状況を確認したり、あるいは相手がよく覚えてない時、知らせてあげ
　　る時に使われる表現。

☞ 名詞の場合は、「〜(이)잖아요」を使う。

　・편의점보다 마트가 더 싸**잖아요**.
　・제가 계란을 못 먹**잖아요**.
　・무더운 여름에는 역시 팥빙수**잖아요**.
　・있**잖아요**. 부탁할 게 있어요.

# 연습문제 （練習問題）

1. ┌Point8-1┐を参考にして表を完成させなさい。

| 基本形 | 意味 | 〜지만<br>(〜けど) | 〜(으)면<br>仮定形(〜なら) | 〜아/어요<br>終止形(〜です) | 〜(으)ㄴ/〜는<br>現在連体形 |
|---|---|---|---|---|---|
| ① 춥다 | 寒い | 춥지만 | | | |
| ② 덥다 | 暑い | | 더우면 | | |
| ③ 차갑다 | 冷たい | | | 차가워요 | |
| ④ 뜨겁다 | 熱い | | | | 뜨거운 |
| ⑤ 가볍다 | 軽い | | | | |
| ⑥ 무겁다 | 重たい | | | | |
| ⑦ 어렵다 | 難しい | | | | |
| ⑧ 쉽다 | 易しい | | | | |
| ⑨ 맵다 | 辛 い | | | | |
| ⑩ 싱겁다 | 味が薄い | | | | |
| ⑪ 귀엽다 | 可愛い | | | | |
| ⑫ 밉다 | 憎い | | | | |
| ⑬ 고맙다 | ありがたい | | | | |
| ⑭ 가깝다 | 近い | | | | |
| ⑮ 부럽다 | 羨ましい | | | | |
| ⑯ 부끄럽다 | 恥ずかしい | | | | |
| ⑰ 시끄럽다 | うるさい | | | | |
| ⑱ 외롭다 | 寂しい | | | | |
| ⑲ 괴롭다 | 辛 い | | | | |
| ⑳ 더럽다 | 汚い | | | | |
| ㉑ 무섭다 | 怖い | | | | |
| ㉒ 아름답다 | 美しい | | | | |
| ㉓ 어둡다 | 暗い | | | | |
| ㉔ 눕다 | 横になる | | | | |
| ㉕ 반갑다 | (会って)嬉しい | | | | |

| ㉖ 즐겁다 | 楽しい | | | | |
|---|---|---|---|---|---|
| ㉗ 돕다 | 手伝う・助ける | | | | |
| ㉘ 곱다 | きれいだ | | | | |
| ㉙ 입다 | 着る | 입지만 | | | |
| ㉚ 좁다 | 狭い | | 좁으면 | | |

## 2.　＿＿＿部分を適切な形に変えて文を完成させなさい。(Point8-1 参考)

① 辛い 음식을 많이 먹으면 몸에 안 좋아요. (🈟맵다)

　→ _____

② 음식은 横になって 먹으면 안 돼요.(🈟눕다)

　→ _____

③ 제 동생은 怖い 영화를 좋아해요. (🈟무섭다)

　→ _____

④ 제주도는 경치가 美しくて 사람들이 친절해요. (🈟아름답다)

　→ _____

⑤ 작년 여름은 아주 暑かったです。(🈟덥다)

　→ _____

⑥ 설날에는 한복을 着ます。(🈟입다)

　→ _____

⑦ 우리 집은 역에서 近いけど、너무 うるさいです。(🈟가깝다, 시끄럽다)

　→ _____

⑧ 우리 집에는 **可愛い** 고양이가 두 마리 있어요. (⑭귀엽다)

　→ _____

⑨ 주말에 가족과 함께 산에 가서 **楽しい** 시간을 보냈어요. (⑭즐겁다)

　→ _____

⑩ 날씨가 **寒いので**　**熱い** 커피를 마시고 싶어요. (⑭춥다, 뜨겁다)

　→ _____


3. **Point8-3** 을 参考にして例のようにしなさい。

例)　　　　　①　　　　　②　　　　　③　　　　　④　　　　　⑤

例) 화면이 작다 / 보다　→　화면이 작아서 **보기 힘들어요.**
　　(画面が小さい)　(見る)　(画面が小さくて見にくいです)

① 방이 넓다 / 청소하다　　　　→　_____

② 음식이 맵다 / 먹다　　　　　→　_____

③ 글씨가 작다 / 읽다　　　　　→　_____

④ 이 산은 높다 / 오르다　　　　→　_____

⑤ 너무 무겁다 / 혼자서 들다　→　_____

## 4．次の文を韓国語に直しなさい。

① 明日試験じゃないですか。勉強しましたか？　＿＿＿＿＿＿＿＿＿＿＿

② 昨年の冬はとても寒かったです。　＿＿＿＿＿＿＿＿＿＿＿

③ うるさくて勉強しにくいです。　＿＿＿＿＿＿＿＿＿＿＿

④ 何をお手伝いしましょうか？　＿＿＿＿＿＿＿＿＿＿＿

CD29

## 읽어 봅시다 読んでみましょう

### 次の文を声に出して読んで、質問に〇×で答えなさい。

오늘 마트에 갔는데 재미있는 광고가 붙어 있었어요.

"무더운 날씨……이열치열로 이겨 내자！"
"여름엔 역시 삼계탕이 최고야！"
"남자에게 좋은 장어…사실은 남녀노소 모두에게 좋아요！"
"여름철에 수박은 과일이 아니라 보약이다！"

저는 그 광고를 보면서 삼계탕, 장어, 수박은 금방 알았어요.
그런데 이열치열이 뭘까? 팥빙수보다 시원한 걸까? 너무 궁금했어요.
그래서 친구한테 물어봤어요.
친구는 "하하하" 웃으면서 이열치열(以熱治熱)의 뜻을 가르쳐 줬어요.
그런데 한국사람들은 더운 여름에 뜨거운 음식을 먹고 정말 시원해지는
걸까요?

① 장어는 할아버지, 할머니께 안 좋아요. （　　）
② 한국사람은 무더운 여름에 삼계탕을 자주 먹어요. （　　）
③ 무더운 여름에는 이열치열이니까 팥빙수를 먹어요. （　　）

# 제 9 과  너무 예쁘네요.

CD30

☞ **Point**  : 으変則, 〜아/어 보다, 〜지 말고

노무라 : 점심 먹었어요?

수  진 : 아뇨, 너무 **바빠서** 아직 못 먹었어요.

노무라 : 제가 도시락을 만들었는데, 좀 드셔 **보세요.**

수  진 : 와〜! 너무 **예쁘네요.** 잘 먹겠습니다.

노무라 : 아무리 **바빠도** 굶지 **말고** 꼭 식사하세요.

　　　　　 건강에 안 좋아요.

수  진 : 네, 고마워요.

　　　　 아! 그런데 목 **아픈 건** 좀 어때요?

노무라 : 아직 기침이 나오지만 약을 먹어서 조금

　　　　　 괜찮아요.

수  진 : 그러지 **말고** 병원에 한 번 가 **보세요.**

# 새 단어 (新しい単語)

| 【ㄱ】 | | 민속촌 | 民俗村 |
|---|---|---|---|
| 걱정하다 | 心配する | 【ㅂ】 | |
| 굶다 | (食事を)欠かす | 바로 | すぐ |
| 그러지 말고 | そう言わずに | 번데기 | ポンデギ(食べ物) |
| 기쁘다 | 嬉しい | 불을 끄다 | 電気を消す |
| 기침이 나오다 | 咳が出る | 빨간색 | 赤い色 |
| 【ㄴ】 | | 【ㅅ】 | |
| 남산타워 | 南山タワー | 세상 | 世の中 |
| 【ㄷ】 | | 스파게티 | スパゲティー |
| 닫다 | 閉める | 슬프다 | 悲しい |
| 도시락 | お弁当 | 식사하다 | 食事する |
| ~동안 | ~の間 | 신다 | 履く |
| 들르다 | 立ち寄る | 【ㅇ】 | |
| 떠들다 | 騒ぐ | 아무 데도 | どこにも |
| 【ㅁ】 | | 유람선 | 遊覧船 |
| ~만 | ~だけ、~ばかり | 【ㅎ】 | |
| 만화 | 漫画 | 하루 | 一日 |
| 먼저 | 先に | 한강 | 漢江(ソウルの中心部を流れる川) |
| 모으다 | 集める | 홍차 | 紅茶 |
| 목 | 喉、首 | 힘내다 | 頑張る |

# 포인트(Point)

## 9-1　으変則

☞ 語幹の母音が「ㅡ」で終わる用言で「르変則」以外のものは「으変則」である。

①「〜ㄱ」「〜ㅈ」「〜으」で始まる語尾が来ると、変則は起こらない。

②「〜아/어」で始まる語尾が来ると、

「ㅡ」前の文字が陽母音(ㅏ／ㅗ)の場合は、「ㅡ」が落ちて「ㅏ」が付く。

「ㅡ」前の文字が陰母音(ㅏ／ㅗ以外)の場合は、「ㅡ」が落ちて「ㅓ」が付く。

「ㅡ」前の文字が無い場合は「ㅓ」になる。

| 基本形 | 意味 | 変わらない例 | | 変わる例 （ㅡ脱落） | | |
|---|---|---|---|---|---|---|
| | | 〜고<br>(〜て) | 〜(으)면<br>仮定形(〜なら) | 〜아/어요<br>終止形(〜です) | 〜아/어서<br>(〜て、〜ので) | 〜았/었어요<br>過去形(〜でした) |
| 나쁘다 | 悪い | 나쁘고 | 나쁘면 | 나빠요 | 나빠서 | 나빴어요 |
| 바쁘다 | 忙しい | 바쁘고 | 바쁘면 | 바빠요 | 바빠서 | 바빴어요 |
| 기쁘다 | 嬉しい | 기쁘고 | 기쁘면 | 기뻐요 | 기뻐서 | 기뻤어요 |
| 예쁘다 | きれいだ | 예쁘고 | 예쁘면 | 예뻐요 | 예뻐서 | 예뻤어요 |
| 아프다 | 痛い | 아프고 | 아프면 | 아파요 | 아파서 | 아팠어요 |
| 고프다 | (お腹が)空く | 고프고 | 고프면 | 고파요 | 고파서 | 고팠어요 |
| 슬프다 | 悲しい | 슬프고 | 슬프면 | 슬퍼요 | 슬퍼서 | 슬펐어요 |
| 크다 | 大きい | 크고 | 크면 | 커요 | 커서 | 컸어요 |
| 끄다 | 消す | 끄고 | 끄면 | 꺼요 | 꺼서 | 껐어요 |
| 쓰다 | 書く、使う | 쓰고 | 쓰면 | 써요 | 써서 | 썼어요 |
| 모으다 | 集める | 모으고 | 모으면 | 모아요 | 모아서 | 모았어요 |

※ その他の「으変則」に、치르다(支払う)、다다르다(至る)、따르다(従う・注ぐ)、들르다(立ち寄る)などがある。

※ 모르다(分からない)、부르다(歌う・呼ぶ)、다르다(異なる)は「르変則」なので注意。

## 9-2　動詞の語幹＋〜아/어 보다 （〜してみる）

☞ 試みや経験の意を表す。
　① 試み
　・이것 좀 먹어 **보세요**.
　・구두를 신어 **봅시다**.
　・떡볶이를 만들어 **보고 싶어요**.
　・저도 삼계탕을 먹어 **보고 싶어요**.
　② 経験
　・혼자서 여행을 **해 봤어요**?
　・한강에서 유람선을 타 **봤어요**?
　・남산타워에 올라가 **봤어요**?
　・민속촌에 가 **보고 싶어요**.

## 9-3　動詞の語幹＋〜지 말고 （〜しないで）

☞ 命令文や勧誘文で、禁止や否定を表す時に使われる。
☞ 名詞の場合は「名詞＋〜말고」（〜ではなくて）で、
　動詞の場合は「語幹＋〜지 마세요」（〜しないでください）の形でよく使われる。
　・텔레비전 보지 **말고** 공부하세요.
　・울지 **말고** 힘내세요.
　・걱정하지 **말고** 주무세요.
　・스파게티 **말고** 냉면을 먹읍시다.
　・떠들지 **마세요**.
　・빨간색으로 이름을 쓰지 **마세요**.

# 연습문제 （練習問題）

1. Point9-1 を参考にして表を完成させなさい。

| 基本形 | 意味 | ～지만<br>(～けど) | ～(으)면<br>仮定形(～なら) | ～아/어요<br>終止形(～です) | ～았/었어요<br>過去形(～でした) |
|---|---|---|---|---|---|
| ① 나쁘다 | 悪い | | | | |
| ② 바쁘다 | | 바쁘지만 | | | |
| ③ 기쁘다 | | | 기쁘면 | | |
| ④ 예쁘다 | | | | 예뻐요 | |
| ⑤ 아프다 | | | | | 아팠어요 |
| ⑥ 고프다 | | | | | |
| ⑦ 슬프다 | | | | | |
| ⑧ 크다 | | | | | |
| ⑨ 끄다 | | | | | |
| ⑩ 쓰다 | | | | | |
| ⑪ 모으다 | | | | | |
| ⑫ 들르다 | | | | | |

2.  〰〰〰部分を適切な形に変えて文を完成させなさい。(Point9-1 参照)

① 친구에게 **きれいな** 가방을 선물 받았어요. (⬛예쁘다)

　　→ _____

② 아침을 못 먹어서 배가 너무 **空きました**。(⬛고프다)

　　→ _____

③ 해외여행을 가고 싶어서 한 달 동안 돈을 **貯めました**。(⬛모으다)

　　→ _____

④ **悲しい** 영화는 별로 안 좋아해요. (⬛슬프다)

　　→ _____

⑤ 하루에 100 만 원을 다 **使いました**。(⬛쓰다)

　　→ _____

⑥ 잘 때는 꼭 불을 **消してください**。(⬛끄다)

　　→ _____

⑦ 이 세상에는 **悪い** 사람보다 좋은 사람이 많아요. (⬛나쁘다)

　　→ _____

⑧ 목이 **痛ければ** 병원에 가 보세요. (⬛아프다)

　　→ _____

⑨ 아무 데도 **寄らずに** 바로 집에 오세요. (⬛들르다)

　　→ _____

⑩ 생일날 선물을 받아서 너무 **嬉しかったです**。(⬛기쁘다)

　　→ _____

3. ﹏﹏﹏部分を適切な形に変えて文を完成させなさい。(Point9-2参照)

| ① | ② | ③ | ④ |

① 김 선생님께 **連絡してみなさい**。(圖연락하다)
   → _____

② 서울에 가면 한강에서 유람선을 꼭 **乗ってみなさい**。(圖타다)
   → _____

③ 한국어로 일기를 **書いてみたが**  너무 어려웠어요.(圖쓰다)
   → _____

④ 한국에 가서 친구랑 번데기를 **食べてみることにしました**。(圖먹다)
   → _____

4. Point9-3 を参考にして例のようにしなさい。

例) 오늘 가다 / 내일 갑시다 → 오늘 가지 말고 내일 갑시다.
   (今日行く)     (明日行きましょう)   (今日行かないで明日行きましょう)

① 걱정하다 / 말해 보세요    →  _____
② 이것 / 다른 것은 없어요?    →  _____
③ 만화만 보다 / 공부하세요    →  _____
④ 문을 열다 / 닫으세요    →  _____
⑤ 홍차 / 커피 주세요    →  _____
⑥ 박물관에서 사진을 찍다    →  _____

5．次の文を韓国語に直しなさい。

① この服を着てみたいです。　　　　　＿＿＿＿＿＿＿＿＿＿＿

② 待たないで先に召し上がってください。　＿＿＿＿＿＿＿＿＿＿＿

③ 昨日見た映画がとても悲しかったです。　＿＿＿＿＿＿＿＿＿＿＿

④ 頭が痛くて薬を飲みました。　　　　＿＿＿＿＿＿＿＿＿＿＿

CD32

## 읽어 봅시다 読んでみましょう

次の文を声に出して読んで、質問に〇×で答えなさい。

＜한국에서의 식사 예절＞
한국에서는 음식을 먹을 때 숟가락과 젓가락을 사용합니다.
숟가락은 밥이나 국을 먹을 때 사용하며, 젓가락은 반찬을 먹을 때
사용합니다.
그렇지만 숟가락과 젓가락을 한 손에 같이 들고 사용하면 안 됩니다.
국을 먹을 때 후루룩 소리를 내거나, 입안의 음식이 다른 사람에게 보이는
것은 실례입니다.
또한, 밥그릇이나 국그릇을 들고 먹으면 안 됩니다.
그리고 윗사람이 먼저 수저를 든 후에 식사를 시작해야 합니다.
식사가 끝난 후에는 "잘 먹었습니다." 라고 인사하는 것도 잊지 마세요.

① 다 먹은 후에는 "잘 먹겠습니다."라고 인사합니다.(　　　)
② 숟가락은 밥이나 국을 먹을 때 사용하는 게 좋습니다.(　　　)
③ 배가 고플 때에는 윗사람보다 먼저 먹어도 괜찮습니다.(　　　)

81

# 제 10 과   목이 많이 부었군요.

CD33

☞ **Point**  : ㅅ変則,  ~(으)ㄴ 적이 있다/없다,  ~아/어 가다(오다)

(접수처에서)

간호사 : 저희 병원에 오신 **적이 있으세요?**

노무라 : 아뇨, 처음인데요.

간호사 : 건강보험증 가지고 오셨습니까?

노무라 : 네, 여기 있어요.

간호사 : 이 종이에 이름하고 주소를 적어 주세요.

⋯⋯⋯⋯⋯⋯⋯⋯⋯⋯⋯⋯⋯⋯⋯⋯⋯⋯⋯⋯⋯⋯⋯⋯⋯⋯⋯⋯⋯⋯⋯

(진찰 중)

의  사 : 어디가 아프세요?

노무라 : 3 일 전부터 콧물이 나고 목이 아파요.

　　　　그리고 열은 별로 없지만, 기침을 심하게 해요.

의  사 : 어디 한 번 봅시다.

　　　　목이 많이 **부었군요.** 유행성 독감입니다.

　　　　오늘 주사 맞으시고 일주일분 약을 받**아 가세요.**

노무라 : 네, 감사합니다.

# 새단어 （新しい単語）

| | | | |
|---|---|---|---|
| **【ㄱ】** | | 열 | 熱 |
| 건강보험증 | 健康保険証 | 외국어 | 外国語 |
| 공포영화 | ホラー映画 | 유행성 독감 | インフルエンザ |
| 근무하다 | 勤務する | 이름 | 名前 |
| 긋다 | 引く | 잃어버리다 | なくす、迷う |
| 기침 | 咳 | 잇다 | 継ぐ |
| 끓다 | 沸く | **【ㅈ】** | |
| **【ㄴ】** | | 저희 | 私ども |
| 나무 | 木 | 점점 | だんだん |
| 남대문 시장 | 南大門市場 | 접수처 | 受付 |
| 늘다 | 増える | 젓다 | かき混ぜる |
| **【ㄷ】** | | 종이 | 紙 |
| 두부 | 豆腐 | 주사를 맞다 | 注射をしてもらう |
| **【ㅁ】** | | 주소 | 住所 |
| 만두국 | 餃子スープ | 지갑 | 財布 |
| **【ㅂ】** | | 진찰 중 | 診察中 |
| 밤 | 夜 | 짓다 | 建てる、炊く |
| 붓다 | 注ぐ、腫れる | **【ㅋ】** | |
| **【ㅅ】** | | 컵라면 | カップラーメン |
| 선을 긋다 | 線を引く | 콧물이 나다 | 鼻水が出る |
| 시원하다 | 涼しい | **【ㅍ】** | |
| 심하다 | ひどい | PC 방 | ネットカフェ |
| **【ㅇ】** | | **【ㅎ】** | |
| 애기（＝이야기） | 話 | 한류스타 | 韓流スター |

# 포인트(Point)

## 10-1　ㅅ変則

☞ 語幹のパッチムが「ㅅ」で終わる用言のいくつかが「ㅅ変則」である。
① 「〜ㄱ」「〜ㅈ」で始まる語尾が来ると、変則は起こらない。
② 「〜으」で始まる語尾が来ると「ㅅ」が脱落し、「〜으면」「〜으세요」のように変化する。
③ 「〜아/어」で始まる語尾が来ると「ㅅ」が脱落する。

| | 基本形 | 意味 | 変わらない例 | | 変わる例（ㅅ脱落） | | |
|---|---|---|---|---|---|---|---|
| | | | 〜고 (〜て) | 〜지만 (〜けど) | 〜(으)면 仮定形(〜なら) | 〜아/어요 終止形(〜です) | 〜았/었어요 過去形(〜でした) |
| ㅅ変則 | 짓다 | 建てる・炊く | 짓고 | 짓지만 | 지으면 | 지어요 | 지었어요 |
| | 낫다 | 治る・ましだ | 낫고 | 낫지만 | 나으면 | 나아요 | 나았어요 |
| | 붓다 | 注ぐ・腫れる | 붓고 | 붓지만 | 부으면 | 부어요 | 부었어요 |
| | 긋다 | (線を)引く | 긋고 | 긋지만 | 그으면 | 그어요 | 그었어요 |
| | 잇다 | 継ぐ | 잇고 | 잇지만 | 이으면 | 이어요 | 이었어요 |
| | 젓다 | かき混ぜる | 젓고 | 젓지만 | 저으면 | 저어요 | 저었어요 |
| 規則 | 웃다 | 笑う | 웃고 | 웃지만 | 웃으면 | 웃어요 | 웃었어요 |
| | 씻다 | 洗う | 씻고 | 씻지만 | 씻으면 | 씻어요 | 씻었어요 |
| | 벗다 | 脱ぐ | 벗고 | 벗지만 | 벗으면 | 벗어요 | 벗었어요 |

※ 웃다(笑う)、씻다(洗う)、벗다(脱ぐ)、빼앗다(奪う)、빗다(髪をとく)などは「規則」なので注意。

## 10-2　動詞の語幹＋〜(으)ㄴ 적이 있다/없다
（〜したことがある/ない）

☞ 過去の経験の有無を表す表現。
☞ 「적」の代わりに「일」を付けることもあるが、一般的に「적」の方が多く
　使われる。
　・남대문시장에서 물건을 산 **적이 있어요?**
　・전에 외국어를 배운 **적이 있어요.**
　・한국에 와서 영화를 본 **적이 있어요.**
　・만두국을 먹어 본 **적이 있어요?**
　・서울에서 길을 잃어버린 **적이 있어요.**

## 10-3　用言の語幹＋〜아/어 가다(오다)（〜て行く・来る）

☞ 動作の状態を維持しながら行くか、来ることを表す。
　・도시락을 만들어 **갔어요.**
　・두부 좀 사 **오세요.**
　・밤이 점점 깊어 **갑니다.**
　・요즘 PC 방이 늘어 **가고 있어요.**

※　「〜고 가다(오다)」と「〜아/어 가다(오다)」の違い

| 〜고 가다(오다) | 〜아/어 가다(오다) |
|---|---|
| 前の動作が**終了**した後に行く（来る） | 前の動作の**状態維持**しながら行く（来る） |
| 例) 먹고 **왔어요.**<br>　食べ終わる → 来た<br>　（**食べてから**来ました） | 例) 먹어 **왔어요.**<br>　食べる動作が終了していない → 来た<br>　（**食べ続けて**来ました） |

# 연습문제 （練習問題）

1. Point10-1 を参考にして次の表を完成させなさい。

| 基本形 | 意味 | ～지만<br>(～けど) | ～(으)면<br>仮定形(～なら) | ～아/어요<br>終止形(～です) | ～았/었어요<br>過去形(～でした) |
|---|---|---|---|---|---|
| ① 짓다 | 建てる、炊く | | | | |
| ② 낫다 | | 낫지만 | | | |
| ③ 붓다 | | | 부으면 | | |
| ④ 긋다 | | | | 그어요 | |
| ⑤ 잇다 | | | | | 이었어요 |
| ⑥ 젓다 | | | | | |
| ⑦ 웃다 | | | | | |
| ⑧ 씻다 | | | | | |

2. ＿＿＿部分を適切な形に変えて文を完成させなさい。 (Point10-1 参考)

① 많이 울어서 눈이 **腫れました**。 (훈붓다)

　→ _____

② 여기에 선을 **引いたら** 어떨까요? (훈긋다)

　→ _____

③ 컵라면은 물을 **注いで** 3분 정도 기다려야 해요.(훈붓다)

　→ _____

④ 제 여자친구는 **笑うとき** 가장 예뻐요.(훈웃다)

　→ _____

⑤ 나무로 집을 **建てたら** 아주 시원해요.(⑮짓다)

→ _____

⑥ 교실 안에서는 모자를 **脱いでください。**(⑮벗다)

→ _____

⑦ 집에 오면 제일 먼저 손을 **洗ってください。**(⑮씻다)

→ _____

⑧ 밥은 바로 **炊いて** 먹는 것이 맛있어요.(⑮짓다)

→ _____


3．| Point10-2 |を参考にして例のようにしなさい。

例) 삼계탕을 먹었어요. → 삼계탕을 먹은 적이 있어요.
　（サムゲタンを食べました）　　（サムゲタンを食べたことがあります）

① 한국에 와서 영화를 봤어요.　　→　_____

② 이 얘기는 잡지에서 읽었어요.　　→　_____

③ 길을 잃어버렸어요.　　→　_____

④ 택시에 지갑을 놓고 내렸어요.　　→　_____

⑤ 한류스타를 한 번도 못 만났어요.　→　_____

⑥ 한국어를 안 배웠어요.　　→　_____

## 4. 適切な文に○をつけなさい。(Point10-3参考)

① 今まで我慢してきたので、もう少し我慢しなさい。
　　지금까지 참고 왔는데 조금만 더 참으세요. (　　　)
　　지금까지 참아 왔는데 조금만 더 참으세요. (　　　)

② 仕事がうまく行っていますか?
　　일이 잘되고 갑니까? (　　　)
　　일이 잘되어 갑니까? (　　　)

③ 財布を落として歩いて来ました。
　　지갑을 잃어버려서 걷고 왔어요. (　　　)
　　지갑을 잃어버려서 걸어왔어요. (　　　)

④ 30年間勤務してきた職場を辞めました。
　　30년간 근무하고 온 직장을 그만뒀어요. (　　　)
　　30년간 근무해 온 직장을 그만뒀어요. (　　　)

⑤ 夕飯は私たちの家で食べて行ってください。
　　저녁은 우리 집에서 먹고 가세요. (　　　)
　　저녁은 우리 집에서 먹어 가세요. (　　　)

## 5. 次の文を韓国語に直しなさい。

① ホラー映画をみたことがありますか?　＿＿＿＿＿＿＿＿＿＿＿＿

② チゲが沸いたらよくかき混ぜてください。　＿＿＿＿＿＿＿＿＿＿＿＿

③ 宿題をやって来てください。　＿＿＿＿＿＿＿＿＿＿＿＿

④ たくさん笑ったら健康にいいです。　＿＿＿＿＿＿＿＿＿＿＿＿

CD35

## 읽어 봅시다 読んでみましょう

次の文を声に出して読んで、質問に○×で答えなさい。

친구가 아프지도 않은데 병원에 가자고 했어요.
저는 깜짝 놀라 친구에게 무슨 말인지 물었어요.
친구는 웃으면서 "카페 겸 병원"이니까 커피도 마시고 의학 이야기도
듣고 일석이조(一石二鳥)라고 했어요.
전 어떤 곳인지 궁금해서 친구하고 같이 "카페 겸 병원"에 갔어요.
가게는 부부가 운영하고 있었는데 그렇게 크지는 않았어요.
그렇지만 책도 많고 분위기가 아주 괜찮았어요.
맛있는 커피를 마시면서 주인 부부가 들려주는 의학 이야기도 너무
재미있었어요.

▼ 일석이조(一石二鳥)
　一つの事をして同時に二つの利益・効果をあげること。

① 어제 친구가 아파서 병원에 갔어요.(　　　)
② 저는 자주 "카페 겸 병원"에 가요.(　　　)
③ "카페 겸 병원"에서는 커피도 마시고 의학 이야기도 들을 수 있어요. (　　　)

### 약 종류（薬の種類）

| 감기약 | 두통약 | 위장약 | 멀미약 | 진통제 | 연고 |
|---|---|---|---|---|---|
| 風邪薬 | 頭痛薬 | 胃腸薬 | 酔い止め薬 | 痛み止め薬 | 塗り薬 |
| 변비약 | 안약 | 소화제 | 비타민제 | 반창고 | 파스 |
| 便秘薬 | 目薬 | 消化剤 | ビタミン剤 | 絆創膏 | シップ |

89

# 제 11과  이 노란 모자 어때요?

 ☞ **Point**  : ㅎ変則, ~것 같아요, 아무~

CD36

점  원 : 어서 오세요. 뭘 찾으세요?

노무라 : 등산갈 때 쓸 건데요. **어떤 모자**가 좋을까요?

점  원 : 손님, 이 **노란 모자 어때요**?

요즘 인기가 많은 상품입니다.

노무라 : 디자인은 마음에 드는데, 색깔이 좀 화려한 **것 같아요.** 이거 말고 다른 색은 없어요?

점  원 : **하얀색, 까만색, 분홍색**이 있는데, 보여 드릴까요?

그런데 손님, **까만색**이 **아무** 옷에나 잘 어울려요.

노무라 : 그건 별로 마음에 안 드네요.

점  원 : 그럼 이 **하얀 모자**는 **어때요**?

노무라 : 아, 괜찮네요. 그런데 좀 작은 **것 같아요.**

이것보다 큰 거 없어요?

점  원 : 잠깐만 기다려 보세요.

90

# 새단어 （新しい単語）

CD37

| 【ㄱ】 | |
|---|---|
| 건너다 | 渡る |
| 긴장하다 | 緊張する |
| 까만색 | 黒色 |
| 까맣다 | 黒い |

| 【ㄷ】 | |
|---|---|
| 떨다 | 震える、緊張する |

| 【ㅂ】 | |
|---|---|
| 밝다 | 明るい |
| 밤새 | 夜のうち、夜中 |
| 변하다 | 変わる |
| ～보다 | ～より |
| 보이다 | 見える |
| 분홍색 | ピンク色 |
| 불편하다 | 不便だ |
| 빨갛다 | 赤い |

| 【ㅅ】 | |
|---|---|
| 상품 | 商品 |

| 소용없다 | 無駄だ |
|---|---|
| 쓰다 | (帽子を)かぶる |

| 【ㅇ】 | |
|---|---|
| 아무 옷에나 | どんな服でも |
| 온 세상 | 世界中 |
| 이거 말고 | これじゃなくて |
| 이사 오다 | 引っ越して来る |
| 인기 | 人気 |

| 【ㅈ】 | |
|---|---|
| 점원 | 店員 |

| 【ㅊ】 | |
|---|---|
| 최근에 | 最近 |

| 【ㅍ】 | |
|---|---|
| 파랗다 | 青い |

| 【ㅎ】 | |
|---|---|
| 하얀색 | 白色 |
| 하얗다 | 白い |
| 화려하다 | 派手だ |

# 포인트(Point)

## 11-1　ㅎ変則

☞ 語幹にパッチム「ㅎ」がついた形容詞の多くが「ㅎ変則」である。

① 「～ㄱ」「～ㅈ」で始まる語尾が来ると、変則は起こらない。

② 「～으」「～아/어」の母音で始まる語尾が来ると、「ㅎ」が脱落し、
　　「～아/어」→「애」に、「～야/여」→「애」になる。

| | 基本形 | 意味 | 変わらない例 | | 変わる例 | | |
|---|---|---|---|---|---|---|---|
| | | | ～고 (～て) | ～지만 (～けど) | ～(으)ㄴ 形容詞の 現在連体系 | ～아/어요 終止形 (～です) | ～았/었어요 過去形 (～でした) |
| ㅎ 変 則 | 이렇다 | こうだ | 이렇고 | 이렇지만 | 이런 | 이래요 | 이랬어요 |
| | 그렇다 | そうだ | 그렇고 | 그렇지만 | 그런 | 그래요 | 그랬어요 |
| | 저렇다 | ああだ | 저렇고 | 저렇지만 | 저런 | 저래요 | 저랬어요 |
| | 어떻다 | どうだ | 어떻고 | 어떻지만 | 어떤 | 어때요? | 어땠어요? |
| | 빨갛다 | 赤い | 빨갛고 | 빨갛지만 | 빨간 | 빨개요 | 빨갰어요 |
| | 파랗다 | 青い | 파랗고 | 파랗지만 | 파란 | 파래요 | 파랬어요 |
| | 노랗다 | 黄色い | 노랗고 | 노랗지만 | 노란 | 노래요 | 노랬어요 |
| | 까맣다 | 黒い | 까맣고 | 까맣지만 | 까만 | 까매요 | 까맸어요 |
| | 하얗다 | 白い | 하얗고 | 하얗지만 | 하얀 | 하얘요 | 하얬어요 |
| 規 則 | 좋다 | 良い | 좋고 | 좋지만 | 좋은 | 좋아요 | 좋았어요 |
| | 괜찮다 | 大丈夫だ | 괜찮고 | 괜찮지만 | 괜찮은 | 괜찮아요 | 괜찮았어요 |
| | 많다 | 多い | 많고 | 많지만 | 많은 | 많아요 | 많았어요 |

※ ただ、좋다(良い)、넣다(入れる)、놓다(置く)、낳다(生む)、많다(多い)、
　　괜찮다(大丈夫だ)、싫다(嫌いだ)などは「規則」なので注意。

## 11–2　用言の連体形＋〜것 같아요 （〜のようです、〜みたいです）

☞ 連体形に接続し、ある事実や状態に対する話し手の推測を表す。

　　また、自分の意見を謙虚に表現するときも使うので、柔らかい感じがする。

　　　　비가 온 것 같아요.　　（動詞の過去）雨が降ったようです。

　　　　비가 오는 것 같아요.　（動詞の現在）雨が降っているようです。

　　　　비가 올 것 같아요.　　（動詞の未来）雨が降りそうです。

　　　　이 치마는 큰 것 같아요.（形容詞の現在）このスカートは大きいようです。

　　　　이 치마는 클 것 같아요.（形容詞の未来）このスカートは大きそうです。

## 11–3　아무〜 （なんの〜、どんな〜）

☞ 「決められていない不特定」の物事を指すときに使われる語。

| 아무 〜나<br>（どんな〜でも）<br>↓<br>後文は肯定形 | 아무 때나 | いつでも | 아무 때나 괜찮아요. |
| | 아무나 | だれでも | 아무나 들어갈 수 있어요? |
| | 아무거나 | なんでも | 아무거나 주세요. |
| | 아무 데나 | どこにでも | 아무 데나 놓으세요. |
| | 아무한테나 | だれにでも | 아무한테나 친절해요. |
| | 아무 음식이나 | どんな食べ物でも | 아무 음식이나 잘 먹어요. |
| 아무 〜도<br>（なんの〜も）<br>↓<br>後文は否定形 | 아무도 | だれも | 학교에 아무도 없었어요. |
| | 아무한테도 | だれにも | 아무한테도 말하지 마세요. |
| | 아무 데도 | どこにも | 아무 데도 안 가요. |
| | 아무것도 | なにも | 저는 아무것도 몰라요. |

# 연습문제 (練習問題)

1. | Point11-1 | を参考にして次の表を完成させなさい。

| 基本形 | 意味 | ～지만<br>(～けど) | ～(으)ㄴ<br>形容詞の現在連体系 | ～아/어요<br>終止形(～です) | ～았/었어요<br>過去形(～でした) |
|---|---|---|---|---|---|
| ① 그렇다 | そうだ | | | | |
| ② 좋다 | | 좋지만 | | | |
| ③ 하얗다 | | | 하얀 | | |
| ④ 까맣다 | | | | 까매요 | |
| ⑤ 빨갛다 | | | | | 빨갰어요 |
| ⑥ 저렇다 | | | | | |
| ⑦ 많다 | | | | | |
| ⑧ 노랗다 | | | | | |
| ⑨ 괜찮다 | | | | | |
| ⑩ 파랗다 | | | | | |

2. ＿＿＿＿部分を適切な形に変えて文章を完成させなさい。(Point11-1 参照)

① 赤い色 모자를 사고 싶어요.(🔤빨갛다)

　→ ＿＿＿＿＿＿＿＿＿＿＿＿＿＿＿＿＿＿＿＿＿＿＿

② どんな 음악을 좋아하세요?(🔤어떻다)

　→ ＿＿＿＿＿＿＿＿＿＿＿＿＿＿＿＿＿＿＿＿＿＿＿

③ 신발이 더러워서 양말이 黒いです。(🔤까맣다)

　→ ＿＿＿＿＿＿＿＿＿＿＿＿＿＿＿＿＿＿＿＿＿＿＿

94

④ 이번 주는 일이 **多くて** 너무 바빠요.(㉺많다)

→ _____

⑤ **青い** 불일 때 길을 건너요.(㉺파랗다)

→ _____

⑥ 밤새 눈이 많이 와서 온 세상이 <u>白く</u> 변했어요.(㉺하얗다)

→ _____

## 3．適切な文に〇をつけなさい。(Point11-2 参照)

① 가 : 떨지 말고 편하게 하세요. (緊張しないで楽にしてください)
　 나 : 조금 긴장한 것 같아요. (　　　)
　　　 조금 긴장할 것 같아요. (　　　)

② 가 : 날씨가 안 좋네요. (天気が良くないですね)
　 나 : 아마 비가 온 것 같아요. (　　　)
　　　 아마 비가 올 것 같아요. (　　　)

③ 가 : 날씨가 꽤 춥죠? (かなり寒いでしょう?)
　 나 : 네, 어제보다 오늘이 더 추운 것 같아요. (　　　)
　　　 네, 어제보다 오늘이 더 추울 것 같아요. (　　　)

④ 가 : 양이 많으세요? (量が多いですか?)
　 나 : 네, 생각보다 양이 많은 것 같아요. (　　　)
　　　 네, 생각보다 양이 많을 것 같아요. (　　　)

⑤ 가 : 두 사람이 아주 가까워요? (二人はとても親しいですか?)
　 나 : 아마 오래 사귄 것 같아요. (　　　)
　　　 아마 오래 사귈 것 같아요. (　　　)

⑥ 가 : 한 번 입어보세요. (一度着てみてください)
　 나 : 안 입어봐도 작은 것 같아요. (　　　)
　　　 안 입어봐도 작을 것 같아요. (　　　)

4. Point11-2 を参考にして例のようにしなさい。

例)

가 : 이 색은 어때요? (밝다)
(この色はどうですか?) (明るい)
나 : 좀 <u>밝은 것 같아요.</u>
(ちょっと明るいようです)

①
가 : 이건 어때요? (비싸다)
나 : 좀 _____

②
가 : 저분은 처음 보는 사람인데요. (이사 오다)
나 : 최근에 _____

③
가 : 어디 불편하세요? (먹다)
나 : 점심을 너무 많이 _____

④
가 : 이 신발 사이즈는 어때요? (작다)
나 : 안 신어봐도 _____

5. 次の中から適切なものを選び、つなげなさい。 (Point11-3 参照)

① 아무거나          ·          ·          없었어요

② 아무한테도        ·          ·          말하지 마세요

③ 아무 때나         ·          ·          괜찮아요

④ 아무도            ·          ·          주세요

## 6．次の文を韓国語に直しなさい。

① だれでもできます。　　　　　→ ＿＿＿＿＿＿＿＿＿＿＿

② 赤い色がよく似合うようです。　→ ＿＿＿＿＿＿＿＿＿＿＿

③ 今行っても無駄です。　　　　→ ＿＿＿＿＿＿＿＿＿＿＿

④ 明日は雨が降りそうです。　　→ ＿＿＿＿＿＿＿＿＿＿＿

## 읽어 봅시다 読んでみましょう

次の文を声に出して読んで、質問に〇×で答えなさい。

저는 인터넷 쇼핑몰에서 옷을 자주 사는 편이에요.
사이트를 돌아다니면서 가격도 비교하고, 나만의 옷을 찾는 것도
재미있어요.
그런데 요즘은 새로운 사이트가 너무 많이 생겼어요.
가격도 그다지 싸지 않고, 옷도 다 똑같은 것 같아요.
촌스럽지 않으면서 유행도 타지 않고, 예쁘고 싼 나만의 쇼핑몰이
있었으면 좋겠어요.

① 저는 시장에서 옷을 자주 사요. (　　)
② 저는 나만의 인터넷 쇼핑몰을 가지고 있어요. (　　)
③ 요즘 새로운 인터넷 쇼핑몰 사이트가 늘었어요. (　　)

### 색깔(色)

| 빨간색 | 赤色 | 남색 | 紺色 |
|---|---|---|---|
| 파란색 | 青色 | 보라색 | 紫色 |
| 노란색 | 黄色 | 갈색 | 茶色 |
| 하얀색(흰색) | 白色 | 회색 | 灰色 |
| 까만색(검정색) | 黒色 | 하늘색 | 水色 |
| 주황색 | だいだい色 | 분홍색(핑크색) | ピンク色 |
| 초록색(녹색) | 緑色 | 연두색 | 黄緑 |

# 제 12과 혼자 사니까 좋아요.

☞ **Point** : ～(으)려고 하다, ～(이)나, ～(으)니까

CD40

노무라 : 영진 씨, 방을 구하**려고 하는데** 어디가 좋을까요?

영　진 : 집을 옮기**려고요?** 기숙사가 불편해요?

노무라 : 네, 생활비는 적게 들지만 좁고 불편해서요.

영　진 : 그럼 원룸**이나** 하숙집을 알아보면 어떨까요?

노무라 : 그런데 어디가 더 괜찮아요?

영　진 : 둘 다 장단점이 있어요.

　　　　원룸은 깨끗하고 혼자 **사니까** 간섭받지 않아서

　　　　좋아요. 하지만, 식사는 자기가 만들어야 해요.

노무라 : 하숙집은 어때요?

영　진 : 하숙은 아침하고 저녁이 나오**니까** 식사 걱정이

　　　　없어요. 그리고 한 집에 여러 명이 같이 **사니까**

　　　　친구를 많이 사귈 수 있어요.

# 새 단어 （新しい単語）

CD41

| 【ㄱ】 | |
|---|---|
| 간섭하다 | 干渉する |
| 기숙사 | 寄宿舎 |
| 길이 막히다 | 道が混む |

| 【ㄴ】 | |
|---|---|
| 내리다 | 降りる、降る |

| 【ㄷ】 | |
|---|---|
| 다른 곳 | 他の所 |
| ～대 | ～台 |
| 떡 | 餅 |
| 떨어지다 | 落ちる |

| 【ㅁ】 | |
|---|---|
| 물 | 水 |

| 【ㅂ】 | |
|---|---|
| 밥 | ご飯 |
| 방을 구하다 | 部屋を探す |
| 보통 | 普通 |
| 부자 | 金持ち |

| 【ㅅ】 | |
|---|---|
| 삶다 | ゆでる |
| 생활비 | 生活費 |

| 서두르다 | 急ぐ |
|---|---|
| 씹다 | 噛む |

| 【ㅇ】 | |
|---|---|
| 아이 | 子ども |
| 알아보다 | 調べてみる |
| 여러 명 | 数名 |
| 옮기다 | 移す、移転する |
| 원룸 | ワンルーム |
| 이것저것 | あれこれ |
| 이후 | 以後 |

| 【ㅈ】 | |
|---|---|
| 자기가 | 自分で |
| 장단점 | 長所と短所 |
| 재료 | 材料 |
| 줍다 | 拾う |
| 집들이 | 引っ越し祝い |

| 【ㅊ】 | |
|---|---|
| 취직하다 | 就職する |

| 【ㅎ】 | |
|---|---|
| 하루종일 | 一日中 |
| 하숙집 | 下宿 |

# 포인트(Point)

## 12-1　動詞の語幹＋～(으)려고 하다 （～しようと思う）

☞ 意思や予定、計画の意を表す。

「動詞の語幹＋(으)려고」は日本語の「～しようと」に当たる。後ろに「하다」が
付いて「～しようと思う、しようとする」という形でよく使われる。

☞ 「～しないようにする」は、「안＋動詞の語幹＋(으)려고 하다」

「動詞の語幹＋지 않으려고 하다」になる。

・기분이 좋아서 한잔하**려고 해요.**

・머리가 아파서 오늘은 집에 가서 쉬**려고 해요.**

・9 시 이후에는 먹지 **않으려고 해요.**

・생일음식을 만들**려고** 이것저것 샀어요.

## 12-2　体言＋～(이)나 （～でも、～か、～も）

☞ 譲歩や選択などを表す助詞。

・시간이 있으면 주말에 등산**이나** 갈까요?

・떡**이나** 밥**이나** 아무거나 주세요.

・주말에는 보통 청소**나** 빨래를 합니다.

☞ 助数詞に付いて、その程度が予想より多い時に使う。

・어제 집들이에 손님이 20 명**이나** 왔어요.

・집에 차가 3 대**나** 있어요? 부자네요.

・길이 막혀서 공항까지 2 시간**이나** 걸렸어요.

## 12-3　用言の語幹＋〜(으)니까 （〜なので、〜だから）

☞ 理由や原因を表す表現。

(個人的な原因や話し手の考えや経験による主観的な原因・理由)

☞ 「〜아/어서」と違って、「〜だから〜してください」「〜だから〜しましょう」
のような、**命令**や、**勧誘**の理由を表す際によく使われる。

☞ 반갑다, 고맙다, 감사하다, 미안하다, 죄송하다などの感情を表す形容詞には
使わず、「〜아/어서」を使う。

・지금은 바쁘**니까** 내일 만납시다.

・시간이 없**으니까** 서두릅시다.

・숙제가 너무 많**으니까** 하기 싫어요.

※ 「〜(으)니까」「〜아/어서」「〜기 때문에」の区別。

| 〜(으)니까 | | 〜아/어서 | | 〜기 때문에 | |
|---|---|---|---|---|---|
| 主観的な理由 | | 客観的な理由 | | より強い理由 | |
| 命令文 | ○ | 命令文 | × | 命令文 | × |
| 勧誘文 | ○ | 勧誘文 | × | 勧誘文 | × |
| 〜았/었 | ○ | 〜았/었 | × | 〜았/었 | ○ |
| 〜겠 | ○ | 〜겠 | × | 〜겠 | ○ |

```
┌ 피곤하니까 좀 쉽시다        (○)
┤ 피곤해서 좀 쉽시다         (×)
└ 피곤하기 때문에 좀 쉽시다    (×)
```

```
┌ 늦으니까 미안합니다        (×)
┤ 늦어서 미안합니다         (○)
└ 늦기 때문에 미안합니다      (×)
```

# 연습문제 (練習問題)

1. Point12-1 を参考にして例のようにしなさい。

> 例) 부산에 가요 / 배를 탔어요 → 부산에 <u>가려고</u> 배를 탔어요.
> (釜山に行きます)  (船に乗りました)   (釜山に行こうと船に乗りました)

① 책을 찾아요 / 도서관에 가요          → _____

② 취직해요 / 한국어를 배우고 있어요      → _____

③ 잡채를 만들어요 / 시장에서 재료를 샀어요  → _____

④ 부모님께 드려요 / 선물을 사요         → _____

⑤ 계란을 삶아요 / 물을 끓이고 있어요      → _____

⑥ 떨어진 모자를 주워요 / 차에서 내렸어요   → _____

⑦ 올해는 꼭 담배를 끊어요             → _____

⑧ 무슨 책을 읽어요?                → _____

⑨ 내일 선생님을 만나요              → _____

⑩ 친구에게 편지를 써요              → _____

2. Point12-2 を参考にして例のようにしなさい。

> 例)
>
> 가 : 주말에 보통 뭘 해요? (청소 / 빨래)
> (週末に普通何をしますか?)  (掃除 / 洗濯)
> 나 : 청소**나** 빨래를 해요.
> (掃除か洗濯をします)

①
가 : 뭘 먹고 싶으세요? (비빔밥 / 김치찌개)
나 : _____

② 

가 : 김치를 사고 싶은데 어디가 좋을까요? (슈퍼 / 시장)

나 : _____

③ 

가 : 이번 주말에 어디에 갈까요? (등산)

나 : _____

④ 

가 : 공항까지 얼마나 걸렸어요? (2 시간)

나 : 길이 막혀서 _____

## 3. Point12-3 を参考にして例のようにしなさい。

例) 너무 비싸요 / 사지 마세요 → 너무 비싸**니까** 사지 마세요.
（とても高いです）（買わないでください）（とても高いので買わないでください）

① 정말 맛있어요 / 한 번 먹어 보세요　　　→ _____

② 여기는 복잡해요 / 다른 곳으로 갑시다　　→ _____

③ 날씨가 추워요 / 따뜻하게 입고 가세요　　→ _____

④ 배불러요 / 먹기 싫어요　　　　　　　　→ _____

⑤ 이 길은 잘 알아요 / 걱정하지 마세요　　→ _____

⑥ 주말이에요 / 같이 등산갑시다　　　　　→ _____

⑦ 비가 왔어요 / 하루종일 집에 있었어요　→ _____

⑧ 숙제를 다 했어요 / 밖에서 놀아도 되죠?　→ _____

## 4．適切な文に〇をつけなさい。（Point12-3 参照）

① 時間がないので急いでください。

　　시간이 <u>없으니까</u> 서둘러 주세요. (　　　)

　　시간이 <u>없어서</u> 서둘러 주세요. 　(　　　)

② 外には雨が降っているので傘を持って行ってください。

　　밖에 비가 <u>오니까</u> 우산을 가지고 가세요. (　　　)

　　밖에 비가 <u>와서</u> 우산을 가지고 가세요. 　(　　　)

③ とても有り難いのでプレゼントを買いました。

　　너무 <u>고마우니까</u> 선물을 샀어요. (　　　)

　　너무 <u>고마워서</u> 선물을 샀어요. 　(　　　)

④ キムチが辛いので召し上がらないでください。

　　김치가 <u>매우니까</u> 드시지 마세요. 　(　　　)

　　김치가 <u>매워서</u> 드시지 마세요. 　(　　　)

⑤ お腹が空いているから早く食堂に行きましょう。

　　배가 <u>고프니까</u> 빨리 식당에 갑시다. (　　　)

　　배가 <u>고파서</u> 빨리 식당에 갑시다. 　(　　　)

## 5．次の文を韓国語に直しなさい。

① 昼ご飯でも食べましょう。　　　　　→ ＿＿＿＿＿＿＿＿＿＿＿

② うちの子はよく噛もうとしません。　→ ＿＿＿＿＿＿＿＿＿＿＿

③ 寄宿舎が不便で引っ越そうと思います。→ ＿＿＿＿＿＿＿＿＿＿＿

④ 天気がいいので気分もいいです。　　→ ＿＿＿＿＿＿＿＿＿＿＿

CD42

## 읽어 봅시다 読んでみましょう

次の文を声に出して読んで、質問に〇×で答えなさい。

메일 잘 받았습니다.
개학 시즌이 되면 방을 찾는 사람들이 많아서 방 구하기가 아주
어려울 수 있어요. 미리미리 준비해야 합니다.
먼저, 부동산을 방문해서 방이 있는지 알아보세요.
혹시 원하는 방이 있으면 계약금을 걸어서 찜해 두세요.
그리고 꼭 직접 방문해서 방을 보고 문제가 없는지 확인해야 합니다.
아니면 학교에서 조금 떨어진 곳도 찾아보세요.
오히려 싸고 더 좋은 방을 구할 수 있을 거예요.
궁금한 게 있으면 또 연락해 주세요.

① 방을 구하려면 부동산에 가서 알아보는 게 좋아요.(    )
② 학교에서 조금 떨어진 곳은 싸지만 방이 없어요.(    )
③ 개학 시즌이 되기 전에 방이 있는 지 알아보는 게 좋아요.(    )
④ 만약 당신이라면 어느 쪽을 선택하시겠습니까?
　1. 원룸 (    )　　　　　2. 하숙집 (    )
　그 이유를 말해 봅시다.

_____
_____
_____
_____
_____
_____

# 제 13과 불고기 만드는 법을 배워 봅시다.

☞ **Point** : ~는 법, ~기 때문에, ~만, ~아/어 있다

CD43

선생님 : 다음 주는 불고기 만드**는 법**을 배워 봅시다.

학생 1 : 선생님, 재료는 뭘 준비해야 돼요?

선생님 : 여러 가지 필요한데, 여러분은 소고기**만**
　　　　준비해 오세요.

학생 2 : 소고기는 어떤 걸 사면 돼요?

선생님 : 불고기에는 연한 고기가 좋**기 때문에**
　　　　되도록 등심으로 준비하세요.

학생 1 : 양념에는 주로 어떤 게 들어가요?

선생님 : 불고기 맛은 양념에 달려 **있어요.**
　　　　보통 간장, 설탕, 파, 마늘, 깨소금, 참기름,
　　　　후추 등을 넣어요.

# 새 단어 （新しい単語）

| 【ㄱ】 | |
| --- | --- |
| 간장 | 醤油 |
| 걸다 | かける |
| 결항되다 | 欠航になる |
| 고기 | 肉 |
| 국제전화 | 国際電話 |
| 깨소금 | ゴマ塩 |
| 꺼지다 | 消える |

| 【ㄴ】 | |
| --- | --- |
| 넣다 | 入れる |
| 놓이다 | 置かれる |

| 【ㄷ】 | |
| --- | --- |
| 다르다 | 違う、異なる |
| 닫히다 | 閉まる |
| 달려 있다 | かかっている |
| 되도록 | なるべく、できるだけ |
| 들어가다 | 入る |
| ～등 | ～等 |
| 등심 | (牛肉の)ヒレ、ロース |

| 【ㅁ】 | |
| --- | --- |
| 마늘 | にんにく |
| 명품 | ブランド品 |

| 【ㅂ】 | |
| --- | --- |
| 바닥 | 床 |
| 벽 | 壁 |

| 【ㅅ】 | |
| --- | --- |
| 설탕 | 砂糖 |
| 소고기 | 牛肉 |

| 스트레스 | ストレス |
| --- | --- |
| 싸우다 | 喧嘩する |
| 쓸쓸하다 | 寂しい |

| 【ㅇ】 | |
| --- | --- |
| 안개 | 霧 |
| 양념 | 薬味 |
| 어버이날 | 父母の日 |
| 여러 가지 | 色々 |
| 여러분 | みなさん |
| 연하다 | やわらかい |
| 열리다 | 開く |

| 【ㅈ】 | |
| --- | --- |
| 전자수첩 | 電子手帳 |
| 젓가락 | 箸 |
| 정신이 없다 | 気が気でない |
| 주로 | 主に |

| 【ㅊ】 | |
| --- | --- |
| 참기름 | ごま油 |

| 【ㅌ】 | |
| --- | --- |
| 테이블 | テーブル |

| 【ㅍ】 | |
| --- | --- |
| 파 | ねぎ |
| 포도 | ぶどう |
| 피다 | 咲く |

| 【ㅎ】 | |
| --- | --- |
| 화가 나다 | 怒る |
| 후추 | こしょう |
| 흐리다 | 曇る |

# 포인트(Point)

---

### 13-1　動詞の語幹＋〜는 법 （〜する方法）

☞ 動詞語幹について「〜する方法」「やり方」を表す。
- 이 전자수첩, 사용하**는 법** 아세요?
- 한국하고 일본은 팥빙수 먹**는 법**이 다릅니다.
- 국제전화 싸게 거**는 법**을 알아요?
- 케이크 만드**는 법** 좀 가르쳐 주세요.

### 13-2　用言の語幹＋〜기 때문에 （〜のために、〜ので、〜から）

☞ 理由・原因の意を表す。
「〜아/어서」「〜(으)니까」に似たような表現だが、その理由や原因をより強調する時に用いる。→p101(12課)の表の参照

☞ 後行文に命令形・勧誘形を用いることはできない。
- 크리스마스인데 남자친구가 없**기 때문에** 쓸쓸해요.
- 일이 있**기 때문에** 같이 여행을 못 갈 것 같아요.
- 어제 좀 바빴**기 때문에** 10시까지 일했어요.
- 오늘은 일요일이**기 때문에** 학교에 안 가요.

☞ 体言に「때문에」のみを付けると、「〜のために」「〜のせいで」の意味になる。
- 안개 **때문에** 비행기가 결항되었습니다.
- 회의 준비 **때문에** 정신이 없어요.
- 뭐 **때문에** 화가 났어요?

## 13-3　体言＋〜만（〜だけ、〜ばかり、〜のみ）

☞ 他を除いて「ただそれだけ」という意を表す。
- 어버이날인데 아버지 선물**만** 샀어요.
- 1시간**만** 텔레비전 보고 공부해야겠어요.
- 수진 씨는 명품**만** 좋아해요.

## 13-4　動詞の語幹＋〜아/어 있다（〜している）

☞ ある**動作が完了**し、その完了した**状態が継続**している意を表す。
　主に自動詞に付く。

$$\begin{cases} 열다（⑩あける）　→　「열어 있다」（×） \\ 열리다（⑪あく）　→　「열려 있다」（○） \end{cases}$$

- 문이 열려 **있어요.**
- 화장실 앞에 사람들이 서 **있어요.**
- 하늘이 흐려 **있어요.**
- 모두 벌써 와 **있어요.**

※ 現在進行（英語の〜ing）の意味を表す「〜고 있다」（〜している）と
　比較しながら覚えるとよい。→p12（2課）の Point2-1 参照

※ 日本語では「〜ている」と訳される「〜고 있다」「〜아/어 있다」だが、
　西日本や九州の方言ではこれに似た「〜しよる」と「〜しとる」「〜しちょる」
　の区別があるので参考にして覚るとよい。

$$\begin{cases} 학교에 가고 \textbf{있다} & 学校に行きよる & （進行） \\ 학교에 가 \textbf{있다} & 学校に行っとる・行っちょる & （状態） \end{cases}$$

$$\begin{cases} 수미 씨가 앉고 \textbf{있다} & スミさんが座りよる & （進行） \\ 수미 씨가 앉아 \textbf{있다} & スミさんが座っとる・座っちょる & （状態） \end{cases}$$

# 연습문제 (練習問題)

1. Point13-1 を参考にして例のようにしなさい。

> 例) 저 음식은 어떻게 먹어요? → 음식 먹는 법
> (あの料理はどうやって食べますか?)　　(料理の食べ方)

① 서울역에 어떻게 가면 되는지 가르쳐 주세요.　→ _____

② 컴퓨터를 쓰고 싶은데 어떻게 하면 돼요?　→ _____

③ 김치찌개는 어떻게 만들면 돼요?　→ _____

④ 비행기는 어떻게 예약할까요?　→ _____

2. Point13-2 を参考にして例のようにしなさい。

> 例) 한국음식을 좋아해요 / 자주 먹어요(韓国料理が好きです / よく食べます)
> → 한국음식을 좋아하기 때문에 자주 먹어요. (韓国料理が好きなので、よく食べます)

① 시간이 없어요 / 택시를 탔어요　→ _____

② 점심을 많이 먹었어요 / 배가 안 고파요　→ _____

③ 어제 못 잤어요 / 너무 피곤해요　→ _____

④ 태풍 / 비행기가 결항되었습니다　→ _____

⑤ 요즘 바빠요 / 친구도 못 만나요　→ _____

⑥ 날씨가 더워요 / 매일 팥빙수를 먹고 있어요　→ _____

⑦ 친구하고 싸웠어요 / 너무 기분이 안 좋아요　→　_____

⑧ 회사 일 / 스트레스를 많이 받아요　　　　　→　_____


## 3.　Point13-3 を参考にして例のようにしなさい。

例)

（포도ぶどう / 사과リンゴ）

우리 애는 <u>포도만</u> 먹고, 사과는 안 먹어요.

（うちの子はぶどうだけ食べて、リンゴは食べません）


①

（바지 / 치마）

제 동생은 _____, 치마는 안 입어요.


②

（책 / 영화）

노무라 씨는 책은 안 읽고, _____.


③

（숟가락 / 젓가락）

일본사람은 숟가락은 안 쓰고, _____.


④

（비행기 / 배）

한국에 갈 때 비행기는 비싸서 _____.

4．次の絵を見て適当な番号を（　　　　）の中に書きなさい。

① ② ③ ④ ⑤

- 꽃이 피어 있어요. (　　　　　)
- 쓰레기가 바닥에 떨어져 있어요. (　　　　　)
- 벽에 시계가 걸려 있어요. (　　　　　)
- 방에 불이 꺼져 있어요. (　　　　　)
- 테이블 위에 모자가 놓여 있어요. (　　　　　)

5．次の絵を見て右の単語を活用させ、文を完成させなさい。

＜単語＞
닫히다(閉まる)
열리다(開く)
앉다(座る)
서다(立つ)
읽다(読む)
마시다(飲む)

방 안에 노무라 씨와 영진 씨가 있어요.
방문은 ＿＿＿＿＿＿＿＿, 창문은 ＿＿＿＿＿＿＿.
노무라 씨는 의자에 ＿＿＿＿＿＿. 그리고 한국어 책을 ＿＿＿＿＿＿＿.
영진 씨는 창문 옆에 ＿＿＿＿＿. 그리고 밖을 보면서 커피를 ＿＿＿＿＿.

## ６．次の文を韓国語に直しなさい。

① この辞書の引き方を教えて下さい。　　　　→ _____

② 週末は韓国語の勉強だけしました。　　　　→ _____

③ 雨が降っているので、行きたくありません。　→ _____

④ 部屋に電気が点いています。　　　　　　　→ _____

CD45

## 읽어 봅시다 読んでみましょう

次の文を声に出して読んで、質問に〇×で答えなさい。

| | | | |
|---|---|---|---|
| 김밥 | 1,500 원 | 김치찌개 | 4,000 원 |
| 라면 | 2,500 원 | 된장찌개 | 4,000 원 |
| 떡볶이 | 2,000 원 | 순두부찌개 | 4,000 원 |
| 순대 | 2,000 원 | 김치볶음밥 | 4,000 원 |
| | | 비빔밥 | 5,000 원 |
| | | 냉면 | 5,000 원 |
| 소주 / 맥주 | 3,000 원 | | |
| 음료수 | 1,000 원 | | |

① 된장찌개는 김치찌개보다 비싸요.(　　　)

② 술은 안 팔아요.(　　　)

③ 순대, 떡볶이, 김밥을 먹으면 5,500 원이에요.(　　　)

113

# 제 14과　같이 등산 갈래요?

CD46

☞ **Point** : 르変則, ～(으)ㄹ래요, ～마다, ～기/ ～는 것

노무라 : 주말에 뭐 할 거예요?

　　　　별일 없으면 같이 등산 **갈래요**?

영　진 : 어쩌죠, 벌써 **다른** 약속이 있어요.

　　　　노무라 씨는 주말**마다** 등산 가세요?

노무라 : 네, 날씨가 좋으면 항상 등산해요.

　　　　등산하**는 것**이 제 취미예요.

　　　　영진 씨 취미는 뭐예요?

영　진 : 저요? 저는 사진찍**기**랑 축구 보**는 것**이 취미예요.

　　　　주말 선약도 친구랑 축구보러 가**는 거**예요.

노무라 : 그래요. 축구는 응원이 참 재미있는 것 같아요.

영　진 : 네, 맞아요. 대～한민국!!

　　　　열심히 응원하면 스트레스도 확 풀려요.

114

# CD47 새 단어 （新しい単語）

| 【ㄱ】 | | 【ㅅ】 | |
|---|---|---|---|
| 가격 | 価格 | 사진찍기 | 写真を撮ること |
| 고르다 | 選ぶ | 선약 | 先約 |
| 고민하다 | 悩む | 식후 | 食後 |
| 고양이 | 猫 | ～씩 | ～ずつ |
| 골프를 치다 | ゴルフをする | 【ㅇ】 | |
| 광복절 | 光復節 | 응원하다 | 応援する |
| 기르다 | 飼う、育てる | 인천 | 仁川（地名） |
| 기차 | 汽車 | 【ㅈ】 | |
| 【ㄴ】 | | 자르다 | 切る |
| 날마다 | 毎日 | 조깅하다 | ジョギングする |
| 【ㄷ】 | | 집집마다 | 家ごとに |
| 달다 | 揚げる | 【ㅊ】 | |
| 대한민국 | 大韓民国 | 참 | 本当に |
| 동전 | コイン | 【ㅌ】 | |
| 【ㅁ】 | | 태극기 | 太極旗 |
| ～마다 | ～ごとに | 【ㅎ】 | |
| 맞아요 | その通りです | 해소 | 解消 |
| 【ㅂ】 | | ～행 | ～行き |
| 배가 부르다 | お腹がいっぱい | 확 풀리다 | すっきりとれる |
| 별일(이) 없다 | 用事がない | 흐르다 | 流れる |

第 14 課　같이 등산 갈래요?

# 포인트(Point)

### 14-1　르変則

☞　語幹が「르」で終わる用言で、「으変則」以外のものは「르変則」である。
①　「～ㄱ」「～ㅈ」「～으」で始まる語尾が来ると、変則は起こらない。
②　「～아/어」で始まる語尾が来ると、

　　「르」前の文字が陽母音の場合は、「르」が脱落して「ㄹ」＋「라」が付き、

　　「르」前の文字が陰母音の場合は、「르」が脱落して「ㄹ」＋「러」が付く。

| 基本形 | 意味 | 変わらない例 | | | 変わる例 | |
|---|---|---|---|---|---|---|
| | | ～고<br>(～て) | ～지만<br>(～けど) | ～(으)면<br>仮定形(～なら) | ～아/어요<br>終止形(～です) | ～았/었어요<br>過去形(～でした) |
| 모르다 | 知らない | 모르고 | 모르지만 | 모르면 | 몰라요 | 몰랐어요 |
| 다르다 | 違う | 다르고 | 다르지만 | 다르면 | 달라요 | 달랐어요 |
| 빠르다 | 速い | 빠르고 | 빠르지만 | 빠르면 | 빨라요 | 빨랐어요 |
| 자르다 | 切る | 자르고 | 자르지만 | 자르면 | 잘라요 | 잘랐어요 |
| 고르다 | 選ぶ | 고르고 | 고르지만 | 고르면 | 골라요 | 골랐어요 |
| 오르다 | 上がる・登る | 오르고 | 오르지만 | 오르면 | 올라요 | 올랐어요 |
| 부르다 | 呼ぶ・歌う | 부르고 | 부르지만 | 부르면 | 불러요 | 불렀어요 |
| 흐르다 | 流れる | 흐르고 | 흐르지만 | 흐르면 | 흘러요 | 흘렀어요 |

※　その他の「르変則」に、기르다(育てる)、누르다(押す)、마르다(乾く)、
　　서두르다(急ぐ)、서투르다(下手だ)などがある。
※　치르다(支払う)、다다르다(至る)、따르다(従う・注ぐ)、들르다(立ち寄る)などは
　　「으変則」なので注意。

116

## 14-2　動詞の語幹＋〜(으)ㄹ래요? (〜しますか？)

☞ 相手に「〜しますか？」と意向を聞くときに使う表現。

　　疑問ではなく平叙文で使うときは、自分の意志を表す「〜します」

　　「〜するつもりです」になる。

- 같이 쇼핑 갈래요?
- 저는 냉면을 먹을래요.
- 머리가 아파서 오늘은 일찍 집에 갈래요.
- 뭐 드실래요?

## 14-3　名詞＋〜마다 (〜ごとに)

☞ 一つ一つもれなくすべての意味を表す。

- 삼일절 날은 집집마다 태극기를 달아요.
- 버스는 10 분마다 와요.
- 아침마다 우유를 마셔요.
- 날마다 여덟 시간씩 일해요.

## 14-4　動詞の語幹＋〜기 / 語幹＋〜는 것 (〜すること)

☞ 動詞に「기」が付いて名詞化する。

　　名詞的機能を持っているが、動作の意味がある。

☞ 動詞の現在連体形語尾「는」に、形式名詞 「것」 (こと、の) が後続して、

　　動詞や文を名詞化する。

- 한국어는 읽기보다 말하기가 어려워요.
- 돈은 벌기는 힘들지만 쓰기는 쉬워요.
- 저는 비 오는 날 운전하는 것을 좋아해요.
- 스트레스 해소에는 영화 보는 것이 제일이에요.

# 연습문제 (練習問題)

1. Point14-1 を参考にして次の表を完成させなさい。

| 基本形 | 意味 | ～지만 (～けど) | ～(으)면 仮定形(～なら) | ～아/어요 終止形(～です) | ～았/었어요 過去形(～でした) |
|---|---|---|---|---|---|
| ① 모르다 | 知らない | | | | |
| ② 다르다 | | 다르지만 | | | |
| ③ 빠르다 | | | 빠르면 | | |
| ④ 자르다 | | | | 잘라요 | |
| ⑤ 고르다 | | | | | 골랐어요 |
| ⑥ 오르다 | | | | | |
| ⑦ 부르다 | | | | | |
| ⑧ 흐르다 | | | | | |
| ⑨ 들르다 | | | | | |

2. ～～～ を適切な形に変えて文章を完成させなさい。(Point14-1 参照)

① 친구하고 노래방에 가서 큰 소리로 노래를 <u>歌いました</u>。(圏부르다)

→ _____

② 기차보다 비행기가 <u>速いです</u>。(圏빠르다)

→ _____

③ 저 사람은 <u>知らない</u> 사람이에요.(圏모르다)

→ _____

④ 저는 물건을 <u>選ぶとき</u> 많이 고민해요.(圏고르다)

→ _____

⑤ 가게마다 가격이 조금씩 **違います。**（⑱다르다）

　→ _____

⑥ 머리를 짧게 **切ってください。**（⑱자르다）

　→ _____

3.　Point14-2 を参考にして例のようにしなさい。

例) 커피를 마셔요?　　→　　커피를 마실**래요?**
　（コーヒーを飲みますか？）　　（コーヒーを飲みますか？）

① 같이 여행 갈까요?　　　　　　→　_____

② 뭐 먹을까요?　　　　　　　　→　_____

③ 집에 있어요　　　　　　　　　→　_____

④ 일기는 안 써요　　　　　　　→　_____

4.　Point14-3 を参考にして例のようにしなさい。

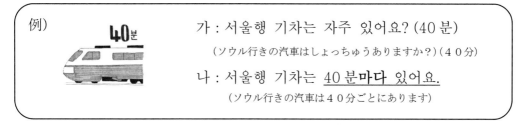

例)　가 : 서울행 기차는 자주 있어요? (40 분)
　（ソウル行きの汽車はしょっちゅうありますか？）（４０分）

　나 : 서울행 기차는 40 분**마다** 있어요.
　（ソウル行きの汽車は４０分ごとにあります）

①　가 : 주로 언제 운동을 해요? (아침)

　나 : _____ 한 시간씩 조깅해요.

119

②

가 : 버스는 자주 와요? (10 분)

나 : 네, _____

③

가 : 이 약은 어떻게 먹으면 돼요? (식후 30 분)

나 : _____

④

가 : 여행은 자주 가세요? (휴가 때)

나 : _____ 해외여행을 가요.


5. | Point14-4 | を参考にして例のようにしなさい。

| 例) 영화를 보다 | 映画を見る | 영화보기 | 영화 보는 것 |
|---|---|---|---|
| ① 팥빙수를 먹다 | | | |
| ② 편지를 쓰다 | | | |
| ③ 수영을 하다 | | | |
| ④ 노래를 부르다 | | | |
| ⑤ 음악을 듣다 | | | |
| ⑥ 골프를 치다 | | | |

6. | Point14-4 | を参考にして例のようにしなさい。

例) 여행을 하다 (旅行をする)
　　→ 나는 여행하는 것을 좋아해요.
　　　(私は旅行することが好きです)
　　→ 제 취미는 여행하기예요.
　　　(私の趣味は旅行することです)

① 사진을 찍다
　　→ 나는 _____
　　→ 제 _____

② 고양이를 기르다
　　→ 나는 _____
　　→ 제 _____

③ 동전을 모으다
　　→ 나는 _____
　　→ 제 _____

④ 피아노를 치다
　　→ 나는 _____
　　→ 제 _____

7. 次の文を韓国語に直しなさい。

① ここで写真を撮りますか?　　　　　　　　→ _____

② 仁川行きの地下鉄は 15 分ごとに来ます。　→ _____

③ たくさん食べたのでお腹がいっぱいです。　→ _____

④ 朝早く起きるのが辛いです。　　　　　　　→ _____

CD48

## 읽어 봅시다 読んでみましょう

次の文を声に出して読んで、質問に○×で答えなさい。

한국사람들은 등산을 아주 좋아해서 봄, 여름, 가을, 겨울, 계절에
상관없이 등산을 즐기는 것 같아요. 그래서 그런지 주말이 되면
길거리에서 등산복 차림의 사람들을 많이 볼 수 있어요.
저도 한국에 와서 등산을 좋아하게 됐어요.
서울 근교에는 등산하기 좋은 명산이 많이 있어서 주말이 되면
등사모(등산을 사랑하는 모임) 사람들과 같이 산에 가요.
등산을 즐기는 사람들과 함께 산에 오르면 누구나 친구가 돼요.
올라갈 때는 힘들지만, 정상에서 내려다보는 경치는 아주 아름다워요.
그리고 산에서 내려와서 먹는 막걸리와 파전은 정말 맛있어요.

① 산에 오르기 전에 막걸리와 파전을 먹어요. (      )
② 저는 한국에 오기 전에도 등산을 좋아했어요. (      )
③ 한국 사람들은 등산을 좋아해서 사계절 등산을 즐겨요. (      )

# 일기예보 天気予報

 맑음(晴れ)

 흐림(曇り)

 비(雨)

 눈(雪)

 맑은 뒤 흐림(晴れのち曇り)

 흐리고 한때 비(曇り時々雨)

 흐리고 곳에 따라 비(曇り所によって雨)

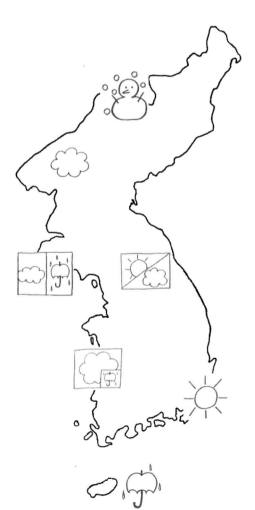

소나기(にわか雨/夕立)

천둥(雷)

번개(いなずま)

태풍(台風)

장마(梅雨)

안개(霧)

구름(雲)

바람(風)

무지개(虹)

황사(黄砂)

습도(湿度)

건조(乾燥)

무덥다(蒸し暑い)

상쾌하다(さわやか)

체감온도(体感気温)

강수량(降水量)

최고기온(最高気温)

최저기온(最低気温)

영하(零下、氷点下)

# 제 15과  텔레비전을 보면서 편하게 쉬었어요.

☞ **Point**  : ㄷ変則,  ～기 전에,  ～(으)ㄴ 후에,  ～(으)면서

CD49

선생님 : 오늘은 주말을 어떻게 지냈는지 말해 볼까요?

　　　　먼저 노무라 씨, 지난 주말에 뭐 했어요?

노무라 : 저는 아침 8시부터 9시까지 조깅을 했어요.

　　　　항상 조깅하**기 전에** 바나나를 두 개 먹어요.

　　　　조깅한 **후에** 샤워하고 1시간쯤 책을 봤어요.

　　　　그리고 아침을 안 먹어서 점심때 자장면을

　　　　배달시켜 먹었어요.

　　　　오후에는 텔레비전을 보**면서** 편하게 쉬었어요.

선생님 : 그럼 이번에는 모리 씨, 지난 주말에 뭐 했어요?

모　리 : 날씨가 좋아서 아침부터 밀린 빨래를 했어요.

　　　　음악을 **들으면서** 청소도 하고 아침도 먹었어요.

　　　　오후에는 친구랑 만나서 영화를 봤어요.

# 새 단어 （新しい単語）

CD50

| 【ㄱ】 | |
|---|---|
| 걷다 | 歩く |
| 금방 | すぐ |
| 깨닫다 | 悟る |
| 【ㄷ】 | |
| 돌려주다 | 返す |
| 듣다 | 聞く |
| 【ㅁ】 | |
| 맑음 | 晴れ |
| 묻다 | 尋ねる |
| 미리 | 前もって |
| 미술학원 | アートスクール |
| 밀리다 | たまる |
| 【ㅂ】 | |
| 바나나 | バナナ |
| 방과 후 | 放課後 |
| 배달시키다 | 配達させる |
| 버릇 | 癖 |
| 【ㅅ】 | |
| 산책하다 | 散策する |
| 살이 찌다 | 太る |

| 소리를 내다 | 声に出す |
|---|---|
| 소설가 | 小説家 |
| 【ㅇ】 | |
| 안개가 끼다 | 霧がかかる |
| 양치질하다 | 歯磨きする |
| 여권 | パスポート |
| 영수증 | 領収証 |
| 영어학원 | 英語スクール |
| 이를 닦다 | 歯を磨く |
| 【ㅈ】 | |
| 잠시 후 | しばらくしてから |
| 졸리다 | 眠い |
| 졸업하다 | 卒業する |
| 지내다 | 過ごす |
| 【ㅊ】 | |
| 차 | お茶 |
| 출발하다 | 出発する |
| 【ㅌ】 | |
| 티켓 | チケット |
| 【ㅎ】 | |
| 확인하다 | 確認する |

# 포인트(Point)

## 15-1    ㄷ変則

☞  語幹がパッチム「ㄷ」で終わる用言のいくつは「ㄷ変則」になる。
①  「〜ㄱ」「〜ㅈ」で始まる語尾が来ると、変則は起こらない。
②  「〜으」「〜아/어」で始まる語尾が来ると、「ㄷ」→「ㄹ」に変わる。

| | 基本形 | 意味 | 変わらない例 | | 変わる例 | | |
|---|---|---|---|---|---|---|---|
| | | | 〜고<br>(〜て) | 〜지만<br>(〜けど) | 〜(으)면<br>仮定形(〜なら) | 〜아/어요<br>終止形(〜ます) | 〜았/었어요<br>過去形(〜ました) |
| ㄷ<br>変<br>則 | 듣다 | 聞く | 듣고 | 듣지만 | 들으면 | 들어요 | 들었어요 |
| | 걷다 | 歩く | 걷고 | 걷지만 | 걸으면 | 걸어요 | 걸었어요 |
| | 묻다 | 尋ねる | 묻고 | 묻지만 | 물으면 | 물어요 | 물었어요 |
| | 깨닫다 | 悟る | 깨닫고 | 깨닫지만 | 깨달으면 | 깨달아요 | 깨달았어요 |
| 規<br>則 | 받다 | 受け取る | 받고 | 받지만 | 받으면 | 받아요 | 받았어요 |
| | 닫다 | 閉める | 닫고 | 닫지만 | 닫으면 | 닫아요 | 닫았어요 |

※  받다(受け取る)、믿다(信じる)、닫다(閉める)、묻다(埋める)などは「規則」なので注意。

## 15-2    動詞の語幹＋〜기 전에 (〜する前に)

☞ 前の動作より後の動作が先行される場合に用いる。
 ・자기 전에 꼭 양치질해야 해요.
 ・말하기 전에 3초 생각하세요.
 ・출발하기 전에 여권과 비행기 티켓을 확인하세요.
 ・오시기 전에 미리 연락 주세요.
 ・더 늦기 전에 서두르세요.

## 15-3　動詞の語幹＋〜(으)ㄴ 後에 (〜した後に)

☞ 動作が終わった後を表す。

☞ 助詞の「〜에」は省略することができる。

☞ 「〜(으)ㄴ 뒤에」「〜(으)ㄴ 다음에」「〜고 나서」も似たような表現。

・담배를 끊은 **후에** 살이 쪘어요.

・점심을 먹은 **후에는** 졸려요.

・대학을 졸업한 **후** 어떤 곳에 취직하고 싶어요?

・흐린 **뒤** 맑음

☞ 名詞の場合は「名詞＋〜후에」(〜の後に)になる。

・식사 **후** 금방 누우면 안 돼요.

・방과 **후** 영어학원과 미술학원에 다니고 있어요.

・잠시 **후에** 다시 전화 드리겠습니다.

## 15-4　用言の語幹＋〜(으)면서 (〜しながら)

☞ ある動作や状態が同時に起こるか、動作が継続して起こることを表す。

☞ 先行文と後続文の主語は同じでなければならない。

☞ 名詞の場合は「〜(이)면서 (〜でありながら)」になる。

・아버지는 밥 먹**으면서** 텔레비전 보는 것을 싫어해요.

・저는 공부하**면서** 음악을 들어요.

・수연 씨는 항상 웃**으면서** 얘기해요.

・차나 마시**면서** 얘기할까요?

・기무라 씨는 의사**면서** 소설가예요.

# 연습문제 (練習問題)

1.  Point15-1 を参考にして次の表を完成させなさい。

| 基本形 | 意味 | ～지만<br>(～けど) | ～(으)면<br>仮定形(～なら) | ～아/어요<br>終止形(～ます) | ～았/었어요<br>過去形(～ました) |
|---|---|---|---|---|---|
| ① 묻다 | 尋ねる | | | | |
| ② 듣다 | | 듣지만 | | | |
| ③ 깨닫다 | | | 깨달으면 | | |
| ④ 걷다 | | | | 걸어요 | |
| ⑤ 받다 | | | | | 받았어요 |

2. 次の下線部分を適切な形に変えて文を完成させなさい。

① 한국 노래를 **聞きながら** 공부했어요. (⓪듣다)

　→ _____

② 다리가 아파서 오래 **歩くことができません。** (⓪걷다)

　→ _____

③ 모르는 게 있으면 선생님께 **尋ねて見てください。** (⓪묻다)

　→ _____

④ 물건을 사면 꼭 영수증을 **受け取ってください。** (⓪받다)

　→ _____

## ３．次の絵を見て文を完成させなさい。(Point15-2・3 参考)

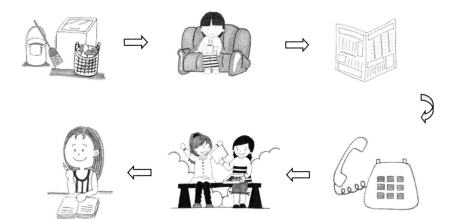

① 저는 청소랑 빨래를 <u>한 후</u> 맛있는 커피를 마셨어요.

→ _____

② 커피를 <u>마시기 전에</u> 집을 깨끗이 청소하고 빨래도 했어요.

→ _____

③ 커피를 <u>마신 후</u> 신문을 읽었어요.

→ _____

④ 신문을 <u>읽은 후</u> 친구에게 전화했어요.

→ _____

⑤ 친구를 <u>만나기 전에</u> 친구에게 전화했어요.

→ _____

⑥ 친구를 <u>만난 후</u> 집에 와서 일기를 썼어요.

→ _____

4. Point15-4 を参考にして例のようにしなさい。

例) 운전해요 / 전화하지 마세요 → 운전하**면서** 전화하지 마세요.
(運転する)  (電話しないでください)  (運転しながら電話しないでください)

① 친구와 이야기를 해요 / 산책을 했어요     → _____

② 영화를 봐요 / 한국어를 공부했어요        → _____

③ 음악을 들어요 / 자는 버릇이 있어요       → _____

④ 공부해요 / 다른 생각을 하면 안 돼요      → _____

⑤ 물건이 좋아요 / 값도 싸요              → _____

⑥ 오늘은 날씨가 흐려요 / 안개가 끼겠습니다  → _____

5. 次の文を韓国語に直しなさい。

① 寝る前に歯を磨きます。              → _____

② 昼食を食べた後、コーヒーを飲みます。   → _____

③ 歩きながらラジオを聞きます。          → _____

④ ＣＤを聞いた後、早く返して下さい。     → _____

⑤ 韓国語は声に出して読みながら勉強しなさい。  → _____

CD51

## 읽어 봅시다　読んでみましょう

次の文を声に出して読んで、質問に〇×で答えなさい。

&lt;찜질방&gt;

지난 주말에 친구들하고 찜질방에 갔어요.

토요일이라서 그런 지 사람들로 만원이었어요.

우리는 간단하게 샤워를 한 후 찜질방 옷으로 갈아입고 [황토방]에

들어갔습니다. 정말 천국이 따로 없었어요.

땀을 내고 나니까 배가 고파서 차가운 식혜랑 삶은 계란, 그리고 귤을

먹으면서 여러 가지 얘기를 나눴어요.

찜질방은 참으로 한국적이며 재미있는 곳이라고 생각합니다.

예전에는 때를 밀러 목욕탕에 갔지만, 요즘 찜질방에는 헬스장, PC 방,

식당, 수면실 등이 있어서 쉬기 위해서 가는 것 같습니다.

「복합생활문화공간」으로 자리 잡은 찜질방은 남녀노소는 물론, 가족이나

친구, 그리고 연인과 함께 휴식하고 재충전할 수 있는 공간입니다.

① 찜질방은 어른들만 갈 수 있는 곳입니다. (　　)

② 찜질방에서는 인터넷을 사용할 수 있습니다. (　　)

③ 찜질방에서 음식을 먹거나 자면 안 됩니다. (　　)

# 「本文」の訳例

| | | |
|---|---|---|
| 1<br>課 | 野　村：| 英珍さん、英語できますか？ |
| | 英　珍：| はい、少しできます。 |
| | 野　村：| 日本語もできますか？ |
| | 英　珍：| いいえ、日本語は全然できません。 |
| | | けれども、習いたいです。 |
| | 野　村：| それでは、一緒に勉強しましょうか？ |
| | 英　珍：| はい、いいですね。一緒にしましょう。 |
| 2<br>課 | 英　珍：| 野村さん、何をしていますか？ |
| | 野　村：| チャプチェを作っています。 |
| | 英　珍：| チャプチェですか？ 私はチャプチェがとても好きです。 |
| | | ところで、一人で作られますか？ |
| | 野　村：| この前、友達のお母さんから習いました。 |
| | 英　珍：| あ～、そうですか？ |
| | | ところで、チャプチェにはほうれん草が必要ですよ。 |
| | 野　村：| あら！うっかりしました。 |
| 3<br>課 | 野　村：| 英珍さん、遅れてすみません。 |
| | | 朝寝坊をしたので、少し遅れました。 |
| | 英　珍：| いいえ、私も今来ました。 |
| | | 野村さん、朝ご飯を食べてきましたか？ |
| | 野　村：| いいえ、忙しくてそのまま来ました。 |
| | 英　珍：| それでは、簡単に何か食べに行きましょうか？ |
| | 野　村：| いいえ、大丈夫です。 |
| | | 後で友達とお昼を食べることにしました。 |
| | 英　珍：| そうですか？ |
| | | それでは、あそこに行ってコーヒーでも一杯飲みましょう。 |
| 4<br>課 | 中華料理店：| はい、す早い配達の「万里の長城」です。 |
| | 野　　村：| もしもし、ここは韓国アパート 103 棟 206 号ですけど、 |
| | | ジャージャー麺一つ、チャンポン二つ、そして酢豚を一つ配達してください。 |
| | 中華料理店：| はい、分かりました。 |
| | | 餃子はサービスでお持ちいたします。 |
| | 野　　村：| ありがとうございます。 |
| | | あぁ！すみません。ジャージャー麺は大盛にしてください。 |
| | | そして、たくわんをちょっと多めに持ってきてください。 |
| | 中華料理店：| はい、分かりました。 |
| 5<br>課 | 野　村：| もしもし、そちらは金先生のお宅でしょうか？ |
| | 奥さま：| はい、そうです。 |
| | 野　村：| こんにちは、私は教え子の野村ですが、金先生はいらっしゃいますか？ |
| | | いらっしゃったらちょっと代わってください。 |
| | 奥さま：| どうしましょう？今用事があって外出しましたけど、多分夕食を食べて |
| | | 遅く帰ってくると思います。 |
| | 野　村：| あぁ、そうですか？ |
| | | それでは、私が後でまた電話いたします。失礼いたします。 |

| | |
|---|---|
| 6課 | 英　珍：野村さん、どんな人が理想のタイプですか？<br>野　村：理想のタイプですか？<br>　　　　うん…私は背が高くてハンサムな男性が好きです。<br>　　　　しかし、何より性格がよくなければなりません。英珍さんはどうですか？<br>英　珍：そうですね。私は私より背の低い女性が好きです。<br>　　　　可愛くて髪が長い女性ならもっと良いです。<br>野　村：それでは、可愛いけど性格の悪い人はどうですか？<br>英　珍：そんな人は嫌ですね。<br>　　　　むしろ少し可愛くなくても優しい人が良いです。 |
| 7課 | 英　珍：韓国に来てからもう一年になりましたね。<br>　　　　野村さん、野球好きですか？<br>野　村：はい、好きだけど、時間がないので野球場にはしょっちゅう行けません。<br>　　　　英珍さんはよく行きますか？<br>英　珍：はい、私はひと月に2・3回は必ず行きます。<br>　　　　一昨日見た試合は本当に面白かったです。<br>野　村：そうですか？今度行く時、私もぜひ連れて行って下さい。<br>英　珍：それでは、今週末野球の試合があるけど、一緒に行きませんか？<br>野　村：はい、いいですね。 |
| 8課 | 英　珍：韓国の生活は大変ではないですか？<br>野　村：最初は食べ物も合わないし、韓国語が難しくてちょっと苦労しました。<br>英　珍：韓国料理は辛くて食べにくいでしょう？<br>野　村：はい、そうだけど、もう何でもよく食べます。<br>英　珍：それでは、私たちもお腹が空いているからサムゲタンを食べに行きましょうか？<br>　　　　近くにサムゲタンの美味しいお店があります。<br>野　村：えぇ？こんなに暑いのにサムゲタンですか？<br>英　珍：知らないですか？夏は「以熱治熱」じゃないですか？ |
| 9課 | 野　村：昼ご飯食べましたか？<br>スジン：いいえ、とても忙しくてまだ食べてません。<br>野　村：私がお弁当を作ったのですが、少し召し上がってください。<br>スジン：わぁ！とてもきれいですね。いただきます。<br>野　村：いくら忙しくても欠かさずに必ず食事をしてください。<br>　　　　健康によくないですよ。<br>スジン：はい、ありがとうございます。<br>　　　　あぁ、ところで、喉の痛みはどうですか？<br>野　村：まだ咳が出るけど、薬を飲んだので少しいいです。<br>スジン：そう言わずに一度病院に行ってみてください。 |
| 10課 | （受付で）<br>看護師：うちの病院にいらっしゃったことがありますか？<br>野　村：いいえ、初めてですけど。<br>看護師：健康保険証は持ってきましたか？<br>野　村：はい、ここにあります。<br>看護師：この紙に名前と住所を書いてください。<br>（診察中）<br>医　者：どこが悪いですか？<br>野　村：3日前から鼻水が出て喉が痛いです。<br>　　　　そして、特に熱はないけど、咳がひどいです。<br>医　者：一度見てみましょう。<br>　　　　喉がかなり腫れてますね。インフルエンザです。<br>　　　　今日注射をし、一週間分の薬をもらってください。<br>野　村：はい、ありがとうございます。 |

| | | |
|---|---|---|
| 11課 | 店　員 : | いらっしゃいませ。何をお探しですか？ |
| | 野　村 : | 山登で使いたいんですけど、どんな帽子がいいでしょうか？ |
| | 店　員 : | お客様、この黄色い帽子はいかがですか？<br>最近人気のある商品です。 |
| | 野　村 : | デザインは気に入りますけど、色がちょっと派手ですね。<br>これじゃなくて他の色はありませんか？ |
| | 店　員 : | 白、黒、ピンクがありますが、お見せしましょうか？<br>ところでお客様、黒はどんな服にもよく似合いますよ。 |
| | 野　村 : | それはちょっと気に入らないんですけど。 |
| | 店　員 : | それでは、この白の帽子はいかがですか？ |
| | 野　村 : | あぁ、いいですね。しかし、ちょっと小さいようです。<br>これより大きいものはありませんか？ |
| | 店　員 : | 少々お待ち下さいませ。 |
| 12課 | 野　村 : | 英珍さん、部屋を探しているけど、どこがいいでしょうか？ |
| | 英　珍 : | 家を引っ越そうと思っていますか？寄宿舎は不便ですか？ |
| | 野　村 : | はい、生活費は少なく済むけど、狭くて不便だからですね。 |
| | 英　珍 : | それなら、ワンルームか下宿を探してみたらいかがですか？ |
| | 野　村 : | ところで、どちらのほうがいいですか？ |
| | 英　珍 : | 両方とも長所と短所があります。<br>ワンルームはきれいで一人暮らしなので、邪魔されないのでいいです。<br>しかし、食事は自分で作らなければなりません。 |
| | 野　村 : | 下宿はどうですか？ |
| | 英　珍 : | 下宿は朝ご飯と夜ご飯が出るので、食事の心配はありません。<br>そして一つ屋根の下に何人かが一緒に住むので、友達をたくさん作ることができます。 |
| 13課 | 先　生 : | 来週はブルゴギの作り方を習ってみましょう。 |
| | 学生1 : | 先生、材料は何を準備しなければなりませんか？ |
| | 先　生 : | 色々と必要ですが、皆さんは牛肉だけ準備してきてください。 |
| | 学生2 : | どんな牛肉を買えばいいですか？ |
| | 先　生 : | ブルゴギには柔らかい肉がいいので、できればロースを準備して下さい。 |
| | 学生1 : | 薬味には主にどんなものが必要ですか？ |
| | 先　生 : | ブルゴギの味は薬味にかかっています。<br>だいたい醤油、砂糖、ねぎ、にんにく、ゴマ塩、ゴマ油、胡椒などを入れます。 |
| 14課 | 野　村 : | 週末は何をしますか？<br>用事がなければ一緒に山登りに行きますか？ |
| | 英　珍 : | どうしましょう、すでに他の約束があります。<br>野村さんは週末ごとに山登りに行きますか？ |
| | 野　村 : | はい、天気がよければいつも山登りをします。<br>山登は私の趣味です。<br>英珍さんの趣味は何ですか？ |
| | 英　珍 : | 私ですか？私は写真を撮ることと、サッカーを見ることが趣味です。<br>週末の先約も友達とサッカーを見に行くことです。 |
| | 野　村 : | そうですね。サッカーは応援がとても面白いようですね。 |
| | 英　珍 : | はい、その通りです。て～ハンミングッ！！<br>一所懸命に応援すれば、ストレスもすっきりとれます。 |
| 15課 | 先　生 : | 今日は、週末をどのように過ごしたか話してみましょうか？<br>まず、野村さん、先週末何をしましたか？ |
| | 野　村 : | 私は朝8時から9時までジョギングをしました。<br>いつもジョギングする前に、バナナを二つ食べます。<br>ジョギングした後、シャワーを浴びて1時間くらい本を見ました。<br>そして、朝ご飯を食べなかったので、昼ご飯の時ジャージャー麺の宅配を食べました。<br>午後は、テレビを見ながらゆっくり休みました。 |
| | 先　生 : | それでは、今度は森さん、先週末何をしましたか？ |
| | 森　　 : | 天気がよかったので、朝からたまった洗濯をしました。<br>音楽を聴きながら掃除もして朝ご飯も食べました。<br>午後は、友達に会って映画を見ました。 |

# 「読んでみよう」の訳例

| | |
|---|---|
| 1<br>課 | 今日明洞(ミョンドン)で友達に会うことにしました。<br>それで、バスに乗って新村(シンチョン)まで行きました。<br>バスの中で、私の前の席に外国人が座りました。<br>その人は一所懸命に韓国語を勉強していました。<br>私は偶然にその人のノートを見ました。<br>歌の歌詞が書いてありました。<br>ふっと笑いが出ました。<br>そして、昔の自分の姿を思い出しました。<br>私は、新村(シンチョン)で地下鉄に乗り換えて、約束場所である明洞(ミョンドン)へ行きました。 |
| 2<br>課 | 私は料理が好きです。<br>週末によく料理をします。<br>料理は下手だけど、料理を作って皆と一緒に食べるのが好きです。<br>そして、皆が私の料理を美味しく食べてくれると、二倍嬉しいです。<br>最近は週に一回、友達のお母さんから韓国料理を習っています。<br>初めてなので少し難しいけれど、何度も作ってみたいです。<br>そうすれば、いつか私だけのレシピができると思います。 |
| 3<br>課 | 今朝は朝寝坊をしました。<br>朝ご飯を食べて出ようとしたら、ご飯がなかったので家の近くの飲食店で簡単に食べました。<br>私は飲食店にしょっちゅう行きますが、夜遅くまで営業しているし、値段も高くないのでいいです。<br>そして、メニューも多いので好きなように選んで食べることができます。<br>私は飲食店に行ったら、のり巻きとラーメンをよく食べます。<br>たまにスンドゥブチゲやトッポッキも食べます。 |
| 4<br>課 | 韓国では何でも家まで配達してくれます。<br>ですのでとても便利です。<br>私はピザが好きですが、家の近くにある「早くて美味しい韓国ピザ」をよく利用します。<br>「韓国ピザ」は２４時間営業です。<br>それで、いつ、どこでも美味しいピザを食べることができます。<br>たまにLサイズを注文したら、飲み物を無料でくれます。<br>そして、クーポンを見せれば、３０％まで割引をしてくれます。<br>最近、米でできたピザが新商品として出たので、健康にもよくとても美味しいのでよく利用します。 |
| 5<br>課 | カ：もしもし、金ソンハンさんのお宅でしょうか？<br>ナ：はい、私ですが。<br>カ：こんにちは。ソウル病院ですが、以前に健康診断の申し込みをされたでしょう？<br>ナ：はい、そうです。<br>カ：検査日が来週の月曜日に決まりましたが、大丈夫ですか？<br>ナ：多分大丈夫だと思います。<br>カ：それでは、午前１０時までに病院に来て、健康保険証も忘れないでください。<br>　　また、検査前日の夜9時以降は何も口にしないでください。<br>ナ：はい、分かりました。 |

| | |
|---|---|
| 6課 | ９０年代韓国で流行した歌謡曲の中に「希望事項」という歌があります。<br>この歌はある男性が自分の理想のタイプを話す、という内容です。<br>歌詞の中で面白い一部を紹介します。<br>♪♪ジーパンがよく似合う女性。<br>　ご飯をたくさん食べてもお腹が出ない女性。<br>　私の話が面白くなくても笑ってくれる女性。<br>　私はそんな女性が好き。<br>　キムチチャーハンを上手に作る女性。<br>　私がお金がない時も気楽に会える女性。<br>　太っていても脚がきれいでミニスカートが似合う女性。<br>私はそんな女性が好き。♪♪ |
| 7課 | 久しぶりに釜山にいる友達に会いました。<br>昼は美味しい物も食べてカフェでたくさん話をしました。<br>夜は友達と「釜山の名物」である野球場に行きました。<br>テレビで見るのと全然違いました。本当に面白かったです。<br>野球場の中には色々な食べ物を売っていました。<br>あまりにも多くて何を食べようかすごく悩みました。<br>そして、ファンの熱い応援が面白かったです。新聞紙、ライター、ビニール袋、ウェーブ、<br>チアリーダーなど・・・色々な応援スタイルがありました。<br>今日は私たちのチーム(ロッテジャイアンツ)が勝ちました。<br>みんな「釜山のかもめ」という歌を歌いながら喜びました。<br>私もよく分からない歌ですが、友達と大きな声で一緒に歌いました。 |
| 8課 | 今日スーパーマーケットに行ったら、面白い広告が貼られていました。<br>「蒸し暑い天気・・・以熱治熱で乗り越えよう！」<br>「夏はやはり蔘鶏湯(サムゲタン)が最高！」<br>「男にいいウナギ・・・実は老若男女みんなにいいです！」<br>「夏季にスイカは果物ではなく補薬だ！」<br>私はその広告を見ながら蔘鶏湯(サムゲタン)、ウナギ、スイカはすぐ分かりました。<br>ところで、以熱治熱って何だろうか？カキ氷より涼しいものなのか？とても気になりました。<br>それで、友達に聞いてみました。<br>友達は「ハハハ」と笑いながら以熱治熱の意味を教えてくれました。<br>ところで、韓国の人々は暑い夏に温かい食べ物を食べて本当に涼しくなるでしょうか？ |
| 9課 | ＜韓国での食事作法＞<br>韓国では食べ物を食べるとき、スプーンと箸を使います。<br>スプーンはご飯や汁を食べるときに使い、箸はおかずを食べるときに使います。<br>ところが、スプーンと箸を片手に一緒に持って使ってはいけません。<br>汁を食べるとき、するすると音を立てたり、口の中の食べ物を他人に見せるのは失礼です。<br>また、茶わんや汁わんを持って食べてはいけません。<br>そして、先に目上の人がさじと箸をもった後で食事をはじめなければいけません。<br>食事が終わった後には「ご馳走さまでした」と挨拶するのも忘れないでください。 |
| 10課 | 友達から具合も悪くないのに病院に行こうと誘われました。<br>私はびっくりして友達になんのことか尋ねました。<br>友達は笑いながら「カフェ兼病院」だからコーヒーも飲めるし、医学話も聞けるし、<br>一石二鳥だと言いました。<br>私はどんな所なのか気になって友達と一緒に「カフェ兼病院」に行きました。<br>店は夫婦が営んでいましたが、そんなに大きくはありませんでした。<br>しかし、本が多くて雰囲気もとてもよかったです。<br>美味しいコーヒーを飲みながらオーナー夫婦が聞かせてくれる医学話もとても面白かったです。 |

| | |
|---|---|
| 11課 | 私はネットショッピング・モールでよく服を買います。<br>サイトを回りながら値段を比較し、自分だけの服を探すのも面白いです。<br>ところで、最近は新しいサイトがたくさんできました。<br>あまり値段も安くないし、デザインもほとんど同じようです。<br>　やぼったくなく、流行にもとらわれない可愛くて安い自分だけのショッピング・モールがあればと思います。 |
| 12課 | メール、ありがとうございました。<br>新学期なると部屋を探す人が増え、部屋探しがとても難しくなります。<br>前もって準備しなければいけません。<br>まず、不動産屋を訪問して部屋があるか調べてください。<br>もし気に入った部屋があれば契約金を払って確保してください。<br>そして、必ず直接訪問して部屋を見て問題がないか確認しなければなりません。<br>もしくは、学校から少し離れた所も探してみてください。<br>むしろ、安くてもっといい部屋が見つかるかもしれません。<br>気になることがあれば、また連絡してください。 |
| 13課 | のり巻き　　1,500 ウォン　　キムチチゲ　　　　4,000 ウォン<br>ラーメン　　2,500 ウォン　　味噌チゲ　　　　　4,000 ウォン<br>トッポッキ　2,000 ウォン　　スンドゥブチゲ　　4,000 ウォン<br>スンデ　　　2,000 ウォン　　キムチチャーハン　4,000 ウォン<br>　　　　　　　　　　　　　　ビビンパ　　　　　5,000 ウォン<br>　　　　　　　　　　　　　　冷麺　　　　　　　5,000 ウォン<br><br>　焼酎／ビール　3,000 ウォン<br>　飲み物　　　　1,000 ウォン |
| 14課 | 韓国人は登山がとても好きで、春、夏、秋、冬、季節に関係なく登山を楽しむようです。<br>そのためか、週末になると町で登山服姿の人々を多く見かけます。<br>私も韓国に来て登山が好きになりました。<br>ソウル近郊には登山に適した山がたくさんあり、週末になるとトゥンサモ（登山を愛する人々の集い）の人々と一緒に山に行きます。<br>登山を楽しむ人々と一緒に山に登れば誰でも友達になります。<br>登るときは大変だけど、頂上で眺める景色はとても美しいです。<br>　そして、山から下りてきて口にするマッコリとチヂミは本当に美味しいです。 |
| 15課 | ＜チムジルバン＞<br>先週末に友達とチムジルバンに行きました。<br>土曜日だからか、人々で満員でした。<br>私たちは簡単にシャワーを浴び、チムジルバンの服に着替えて「黄土部屋」に入りました。<br>本当に天国でした。<br>汗をかきお腹が空いたので、冷たい甘酒とゆで卵、そしてみかんを食べながら色々な話をしました。<br>チムジルバンは実に韓国的で面白い所だと思いました。<br>以前は垢すりをしに銭湯に行きましたが、最近のチムジルバンにはジム、ネットカフェ、食堂、仮眠室などがあり、休むために行く感じです。<br>「複合生活文化空間」として定着したチムジルバンは、老若男女はもちろん、家族や友達、そして恋人と一緒に休み、リフレッシュできる空間です。 |

付　録

# Windows XPでのハングルの入力方法

## I  韓国語 IME の設定

① ［スタート］ボタンをクリックし、
　　［コントロール パネル］をクリック。

② ［日付、時刻、地域と言語のオプション］を
　　クリック。

③ ［地域と言語のオプション］をクリック。

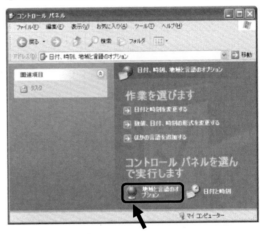

④ ［言語］タブをクリックし、［詳細］をクリック。

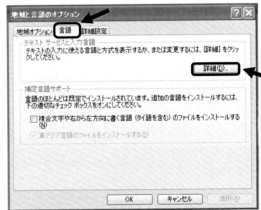

⑤ ［追加］をクリック。

⑥ ［入力言語］リストの［韓国語］をクリック。

⑦ ［OK］を何回かクリックし、全てのダイアログ
　ボックスを閉じる。

## II　言語バーとキーボードの設定

① 画面右下の言語バーの［JP］（日本語）をクリ
　ックし、［KO］（韓国語）をクリックすると、韓
　国語ＩＭＥに切り替わる。

② 言語バーの［A］をクリックすると、ハングル
　モードに変わる。

※パソコンの OS によって設定方法が若干異なるので、上の方法で
　できない場合はネットで自分のパソコンに合う方法を調べる。

## III　韓国語の入力方法

ハングルは、
■子音＋母音
■子音＋母音＋パッチム
■子音＋母音＋パッチム＋パッチムで
１つの文字になるので、１つの文字を入力するに
は、２回〜4 回キーボードを打たないといけない。
また、韓国語入力モード（2 ボルシク）は、左手で
子音、右手で母音を入力する（ただ、「ㅠ」は
左手で入力）。従って、だいたい左手→右手→
左手→右手のように交互に打つようになってい
るので、練習すると早く打てるようになる。

① 子音＋母音＋パッチムの順で入力する。
　　例）일본사람：
　　　　ㅇ→ㅣ→ㄹ→ㅂ→ㅗ→ㄴ→SPACE→
　　　　ㅅ→ㅏ→ㄹ→ㅏ→ㅁ
② 濃音や同じ子音が 2 つ合わさったパッチムは、
　を押しながら平音のキーを入力する。
　　例）Shift キー＋ㄱ,ㄷ,ㅂ,ㅅ,ㅈ→
　　　　ㄲ,ㄸ,ㅃ,ㅆ,ㅉ
③ 二重母音の「ㅒ、ㅖ」は、Shift キーを押し
　ながら「ㅐ、ㅔ」を押して入力する。
　その他の二重母音は、母音のキーを連打して
　入力する。
　　例）외：ㅇ→ㅗ→ㅣ
　　　　위：ㅇ→ㅜ→ㅣ
　　　　왜：ㅇ→ㅗ→ㅐ

## Ⅳ　韓国語の入力

慣れるまで下記のハングルのキー配列表を印刷してそれを見ながら入力してみよう。

また、ハングルのシールを日本語キーボードに貼るという方法もある。

## Ⅴ　フォントについて

韓国語のフォントには下記のようなものがある。

가나다라（Batang）

가나다라（Dotum）

가나다라（Gulim）

가나다라（Gungsuh）

# 英語読みの例

| | | | | | |
|---|---|---|---|---|---|
| アイディア | 아이디어 | ゴルフ | 골프 | ビデオ | 비디오 |
| アジア | 아시아 | サークル | 서클 | ファックス | 팩스 |
| アクセント | 액센트 | サービス | 서비스 | フィルム | 필름 |
| アパート | 아파트 | サラリーマン | 샐러리맨 | プログラム | 프로그램 |
| アピール | 어필 | ショッピング | 쇼핑 | プロポーズ | 프로포즈 |
| アルバイト | 아르바이트 | シングル | 싱글 | ホテル | 호텔 |
| アンケート | 앙케이트 | スーパー | 슈퍼마켓 | ボーナス | 보너스 |
| エレベーター | 엘레베이터 | スタイル | 스타일 | マーケティング | 마케팅 |
| エンジン | 엔진 | スナック | 스넥 | マクドナルド | 맥도널드 |
| ガイド | 가이드 | スポーツ | 스포츠 | マナー | 매너 |
| カジュアル | 캐주얼 | セルフ | 셀프 | マンション | 맨션 |
| カード | 카드 | タクシー | 택시 | ミュージカル | 뮤지컬 |
| ガス | 가스 | チーム | 팀 | メニュー | 메뉴 |
| ガム | 껌 | チェック | 체크 | メモ | 메모 |
| グループ | 그룹 | ツアー | 투어 | ノート | 노트 |
| エアコン | 에어컨 | デザイン | 디자인 | ユーモア | 유모 |
| ケーブルテレビ | 캐이블 텔레비 | ドラマ | 드라마 | ラジオ | 라디오 |
| コース | 코스 | バス | 버스 | ラッシュアワー | 러시아워 |
| コーヒー | 커피 | コンピューター | 컴퓨터 | レポート | 레포트 |
| コーラ | 콜라 | ハンバーガー | 햄버거 | ワールドカップ | 월드컵 |

# 動詞の対義語

| | | | |
|---|---|---|---|
| 가다 | 行く | 오다 | 来る |
| 앉다 | 座る | 서다 | 立つ |
| 살다 | 生きる | 죽다 | 死ぬ |
| 웃다 | 笑う | 울다 | 泣く |
| 사다 | 買う | 팔다 | 売る |
| 입다 | 着る | 벗다 | 脱ぐ |
| 자다 | 寝る | 일어나다 | 起きる |
| 주다 | やる、与える | 받다 | 受け取る |
| 알다 | 知る | 모르다 | 分からない |
| 만나다 | 会う | 헤어지다 | 別れる |
| 가르치다 | 教える | 배우다 | 習う |
| 잘하다 | 上手だ | 못하다 | 下手だ |
| 늘다 | 増える | 줄다 | 減る |
| 말하다 | 話す | 듣다 | 聞く |
| 묻다 | 聞く、尋ねる | 대답하다 | 答える |
| 나가다 | 出て行く | 들어오다 | 帰ってくる |
| 태어나다 | 生まれる | 죽다 | 死ぬ |
| 켜다 | 点ける | 끄다 | 消す |
| 쓰다 | 書く | 지우다 | 消す |
| 남다 | 残る | 모자라다 | 足りない |
| 밀다 | 押す | 당기다 | 引っ張る |
| 빌리다 | 借りる | 빌려 주다 | 貸す |
| 떠나다 | 出発する | 도착하다 | 到着する |
| 맞다 | 合う、当たる | 틀리다 | 間違う |
| 이기다 | 勝つ | 지다 | 負ける |
| 내리다 | 下りる、下る | 오르다 | 上がる、登る |
| 내려가다 | 下りて行く | 올라오다 | 上がってくる |
| 오다, 내리다 | 降る | 그치다 | 止む |
| 타다 | 乗る | 내리다 | 降りる |
| 빼다 | 引く | 더하다 | 足す |
| 곱하다 | 掛ける | 나누다 | 分ける |
| 시작하다 | 始める | 끝내다 | 終える |
| 시작되다 | 始まる | 끝나다 | 終わる |
| 열다 | 開ける | 닫다 | 閉める |
| 열리다 | 開く | 닫히다 | 閉まる |

# 形容詞の対義語

| | | | |
|---|---|---|---|
| 춥다 | 寒い | 덥다 | 暑い |
| 차갑다 | 冷たい | 뜨겁다 | 熱い |
| 가깝다 | 近い | 멀다 | 遠い |
| 가볍다 | 軽い | 무겁다 | 重い |
| 짜다 | 塩辛い | 싱겁다 | 味が薄い |
| 비싸다 | 高い(値段) | 싸다 | 安い |
| 높다 | 高い(高さ) | 낮다 | 低い |
| 많다 | 多い | 적다 | 少ない |
| 크다 | 大きい | 작다 | 小さい |
| 길다 | 長い | 짧다 | 短い |
| 넓다 | 広い | 좁다 | 狭い |
| 어렵다 | 難しい | 쉽다 | 易しい |
| 시끄럽다 | うるさい | 조용하다 | 静かだ |
| 더럽다 | 汚い | 깨끗하다 | 清潔だ |
| 부드럽다 | 柔らかい | 딱딱하다 | 堅い |
| 깊다 | 深い | 얕다 | 浅い |
| 뚱뚱하다 | 太っている | 날씬하다 | すらりとしている |
| 바쁘다 | 忙しい | 한가하다 | 暇だ |
| 붐비다 | こみ合う | 한산하다 | 閑散としている |
| 맛있다 | 美味しい | 맛없다 | 美味しくない |
| 재미있다 | 面白い | 재미없다 | 面白くない |
| 좋다 | 良い | 나쁘다 | 悪い |
| 좋아하다 | 好きだ | 싫어하다 | 嫌いだ |
| 두껍다 | 厚い、太い | 얇다 | 薄い |
| 빠르다 | 速い | 느리다 | 遅い |
| 편하다 | 便利だ、楽だ | 불편하다 | 不便だ |
| 간단하다 | 簡単だ | 복잡하다 | 複雑だ |
| 다르다 | 異なる、違う | 같다 | 同じだ |
| 슬프다 | 悲しい | 기쁘다 | 嬉しい |
| 짙다 | 濃い | 옅다 | 薄い |
| 밝다 | 明るい | 어둡다 | 暗い |
| 까맣다 | 黒い | 하얗다 | 白い |
| 맑다 | 晴れている | 흐리다 | 曇っている |
| 강하다 | 強い | 약하다 | 弱い |

# 副詞のまとめ

| | | | |
|---|---|---|---|
| 굳이 | あえて | 대단히 | 大変、すごく |
| 가끔 | たまに | 대부분 | 大部分、たいてい |
| 가능한 | できるだけ | 대신 | 代わりに |
| 가령 | たとえ | 더 | もっと |
| 가만히 | じっと | 드디어, 마침내 | とうとう、結局 |
| 가장 | 最も、一番 | 때때로 | 時々 |
| 간신히 | 辛うじて、やっと | 또 | また、再び |
| 갑자기 | 急に | 마침 | ちょうど、たまたま |
| 거의 | ほとんど | 만약, 만일 | もし、万一 |
| 게다가 | しかも | 많이 | たくさん |
| 겨우 | やっと、ようやく | 매우 | 非常に |
| 결코 | 決して | 먼저 | 先に |
| 고작 | たかが | 무척 | とても |
| 곧 | 間もなく、すぐ | 문득 | ふと |
| 굉장히 | ものすごく | 물론 | もちろん |
| 그다지 | それほど | 미리 | あらかじめ、前もって |
| 꼭 | 必ず | 바로 | まっすぐ、ちょうど |
| 꽤 | かなり | 반드시 | 必ず |
| 나중에 | 後で | 방금 | 今、ただいま |
| 너무 | とても、あまりにも | 벌써 | すでに、もう |
| 모두, 다, 전부 | すべて | 별로 | あまり　～ない |
| 다소 | 多少 | 별안간 | 突然 |
| 다시 | 再び | 보통 | 普通は |
| 다시는 | 二度と | 분명히 | はっきり |
| 대강 | だいたい、ざっと | 분별없게 | 滅多に |
| 대개, 대체로 | 大概、大体 | 불과 | わずか、ほんの |

| | | | |
|---|---|---|---|
| 비교적 | 比較的 | 일찍 | 早く |
| 비록 | たとえ | 자꾸 | しょっちゅう |
| 빨리 | 速く | 자주 | よく、しばしば |
| 상당히 | 相当 | 잘 | よく、よろしく |
| 서로 | 互いに | 잠깐 | しばらく |
| 설마 | まさか | 잠시 | 少しの間 |
| 슬슬 | そろそろ | 저야말로 | こちらこそ |
| 아까 | さっき | 전혀 | まったく、全然 |
| 아마 | 多分 | 절대로 | 絶対に |
| 아주 | とても | 정말 | 本当に |
| 아직 | まだ | 제일 | 一番 |
| 앞으로도 | 今後も | 조금(좀) | 少し、ちょっと |
| 어서 | どうぞ | 좀더 | もう少し |
| 억지로 | むりやりに | 즉 | つまり |
| 언제나, 항상, 늘 | いつも | 진짜로 | 本当に |
| 여러가지 | いろいろ | 참 | とても、本当に |
| 역시 | やはり | 천천히 | ゆっくり |
| 열심히 | 熱心に | 충분히 | 十分に |
| 오히려 | むしろ、かえって | 특히 | 特に |
| 완전히 | 完全に | 틀림없이 | 間違いなく |
| 우연히 | 偶然 | 푹 | ぐっすり |
| 이따가, 나중에 | あとで | 함께, 같이 | 一緒に |
| 이미 | すでに、もう | 혹시 | もしも、もしかして |
| 이제 | 今 | 혹은 | あるいは |
| 일부러 | わざと | 훨씬 | はるかに、ずっと |

# 慣用表現とことわざ

| | |
|---|---|
| 가는 날이 장날 | 期待していたのにその通りに行かなかった時に使う |
| 가는 말이 고와야 오는 말이 곱다 | 売り言葉に買い言葉 |
| 가랑비에 옷 젖는 줄 모른다 | 小さなことだと思って無視していると、気が付かないうちに大事になってしまう |
| 가슴이 뜨끔하다 | 胸がどきんとする |
| 가슴이 찡하다 | 胸がじいんと熱くなる |
| 간이 콩알만 해지다 | 肝が豆粒ほどになる |
| 갈수록 태산 | 一難去ってまた一難 |
| 같은 값이면 다홍치마 | 同じ値なら質の良いほうを選ぶ |
| 개구리 올챙이 적 생각 못한다 | 成功後は昔の苦労を忘れる |
| 고래 싸움에 새우 등 터진다 | 強者の喧嘩に弱者がとばっちりを受ける |
| 고생 끝에 낙이 온다 | 苦あれば楽あり |
| 골치가 아프다 | 非常に面倒でうるさい、頭が痛い |
| 공든 탑이 무너지랴? | 努力して築いたものは容易に壊れない |
| 국수를 먹다 | 結婚式を挙げることの意 |
| 귀가 가렵다 | だれかが私のことを噂しているようだ |
| 귀가 얇다 | 騙されやすい人に対して使う表現 |
| 귀에 못이 박히다 | いやになるほど聞かされてうんざりする |
| 그림의 떡 | 絵に描いた餅 |
| 금강산도 식후경 | 花より団子 |
| 기가 막히게 좋다 | 表現できないくらい良い |
| 기가 막히다 | あきれる、あいた口が塞がらない |
| 김칫국부터 마신다 | とらぬ狸(たぬき)の皮算用 |
| 꿩 대신 닭 | (適当なものがない時に)似たものを代用する |
| 꿩 먹고 알 먹기 | 一挙両得 |
| 끼리끼리 모인다 | 類は類を呼ぶ |
| 낮말은 새가 듣고 밤말은 쥐가 듣는다 | 壁に耳あり障子に目あり |
| 내 코가 석자 | 自分のことで精一杯だ |
| 눈독을 들이다 | もの欲しげに見る |
| 누워서 떡 먹기 | 朝飯前 |
| 누워서 침 뱉기 | 他人を害しようとしてそれが自分に戻ってくると言う意味 |
| 눈도 깜짝 안 한다 | 少しも驚かないという意味 |

| | |
|---|---|
| 눈앞이 캄캄하다 | 途方にくれる |
| 눈에 불을 켜다 | 目を光らせる |
| 눈을 감아 주다 | 大目に見る |
| 눈이 높다 | 目が高い |
| 눈이 빠지도록 기다리다 | 首を長くして待つ |
| 눈치채다 | 気が付く |
| 눈코 뜰 새도 없다 | 息をつく暇もない |
| 다리를 뻗고 자다 | 安心して寝る |
| 닭 잡아먹고 오리발 내민다 | 不正を働いて隠すこと |
| 담을 쌓다 | 関係を断つ |
| 둘이 먹다가 하나가 죽어도 모른다 | ほっぺたが落ちそう |
| 떼를 쓰다 | だだをこねる |
| 뛰는 놈 위에 나는 놈 있다 | 上には上がいる |
| 뜸을 들이다 | もったいぶる |
| 마음에 들다 | 気に入る |
| 마음은 굴뚝같다 | 喉から手が出る、やりたい気持ちは山々だ |
| 마음을 고쳐먹다 | 心を入れ替える |
| 마음을 편하게 먹다 | 気を楽にする |
| 마음의 빚 | 負い目 |
| 말 한마디로 천 냥 빚 갚는다 | 言葉一つで千両の借りを返す |
| 말문을 열다 | 口火を切る |
| 맥이 빠지다 | 拍子抜け |
| 모로 가도 서울만 가면 된다 | 終わりよければ全てよし |
| 모르는 게 약 | 知らぬが仏 |
| 몸살이 나다 | 極度の疲労のため病気にかかる |
| 물불을 가리지 않다 | 水火も辞せず |
| 미운 아이 떡 하나 더 준다 | 可愛い子には灸を据え憎い子には砂糖をやれ |
| 믿는 도끼에 제 발등 찍힌다 | 飼い犬に手を噛まれる |
| 밑 빠진 독에 물 붓기 | 焼け石に水 |
| 바가지를 긁다 | 愚痴をこぼす |
| 바가지를 쓰다 | (代金などを不当に)ぼられる |
| 바람을 맞다 | (男女関係で)ふられる、(約束を)すっぽかされる |
| 바람을 쐬다 | 気晴らしをする、風に当たる |

| | |
|---|---|
| 바람을 피우다 | 浮気をする |
| 발 없는 말이 천 리 간다 | 悪事千里を走る |
| 발등에 불이 떨어지다 | お尻に火が付く |
| 발목을 잡다 | 足を引っ張る、弱みを握る |
| 발을 벗고 나서다 | 積極的に関係すること |
| 발을 빼다 | 手を引く |
| 발이 넓다 | 顔が広い |
| 배가 아프다 | 嫉妬する、お腹が痛い |
| 배보다 배꼽이 크다 | 本末転倒 |
| 불을 끄다 | 電気を消す |
| 불을 켜다 | 電気を点ける |
| 붙임성이 있다 | 愛想がよい |
| 비행기를 태우다 | (他人を)おだてあげる |
| 뼈를 깎다 | 身を削る |
| 산 넘어 산 | 一難さってまた一難 |
| 새 발의 피 | すずめの涙 |
| 서당개 삼 년이면 풍월을 읊는다 | 門前の小僧習わぬ経を読む |
| 세살 버릇 여든까지 간다 | 三つ子の魂百まで |
| 소름이 끼치다 | 鳥肌が立つ |
| 손발이 맞다 | 呼吸が合う |
| 손에 땀을 쥐다 | 手に汗を握る |
| 손을 보다 | 手入れする |
| 손이 크다 | 気前がいい、物惜しみしない |
| 솜씨를 자랑하다 | 腕を見せる |
| 시간은 금 | 時は金なり |
| 시간이 약 | 時間は薬 |
| 시작이 반이다 | 始める事は難しいが始めてしまえば見通しがつく |
| 시치미를 떼다 | とぼける、しらを切る |
| 식은 죽 먹기 | 朝飯前 |
| 신세 한탄을 하다 | 身の上を嘆く |
| 싼 게 비지떡 | 安物買いの銭失い |
| 안절부절못하다 | 気が気でない |
| 애가 타다 | やきもきする |
| 애를 먹다 | ひと苦労する |

| | |
|---|---|
| 애를 쓰다 | ひと苦労する、手を焼く |
| 애를 태우다 | 手を焼く |
| 어깨가 무겁다 | 肩の荷が重い、自分の責任感を感じる |
| 얼굴이 두껍다 | 図々しい |
| 엎친 데 덮친 격 | 踏んだり蹴ったり |
| 옆길로 새다 | みちくさ |
| 옷깃만 스쳐도 인연이다 | 袖触れ合うのも他性の縁 |
| 우물 안 개구리 | 井の中の蛙 |
| 원숭이도 나무에서 떨어진다 | 猿も木から落ちる |
| 입에 맞다 | 口に合う |
| 입에 침이 마르다 | 口をきわめて褒めちぎる |
| 입이 가볍다 | 口が軽い、おしゃべり |
| 입이 무겁다 | 口が堅い |
| 제 눈에 안경 | あばたもえくぼ |
| 쥐도 새도 모르게 | 誰にも気付かれないように、こっそりと |
| 진땀을 흘리다 | 脂汗をかく |
| 찬물도 위아래가 있다 | 何事も年長者から |
| 찬물을 끼얹다 | せっかく順調に行っていることをおじゃんにする |
| 청개구리 | へそ曲がり |
| 코가 납작해지다 | 恥をかく、面目をつぶす |
| 콧대가 높다 | 鼻が高い、傲慢である |
| 콧대가 세다 | 強情で意地っぱりだ |
| 티끌 모아 태산 | ちりも積もれば山となる |
| 파김치가 되다 | 疲れてへたばる |
| 하늘의 별 따기 | 不可能な事 |
| 한눈을 팔다 | よそ見をする、わき目をする |
| 한술 더 뜨다 | (止めると)もっと気負い立つ |
| 한잔하다 | 一杯やる |
| 한턱내다 | ごちそうする、おごる |
| 허리띠를 졸라매다 | 倹約する、質素な生活をする |
| 호랑이도 제 말 하면 온다 | うわさをすれば影 |
| 후회막급 | 後悔先に立たず |

# 四字熟語

| | | | |
|---|---|---|---|
| 기사회생 | 起死回生 | 의기양양 | 意気揚々 |
| 기상천외 | 奇想天外 | 의미심장 | 意味深長 |
| 남녀노소 | 老若男女 | 이구동성 | 異口同音 |
| 대기만성 | 大器晩成 | 이심전심 | 以心伝心 |
| 동분서주 | 東奔西走 | 인과응보 | 因果応報 |
| 반신반의 | 半信半疑 | 일거양득 | 一挙両得 |
| 방방곡곡 | 津々浦々 | 일망타진 | 一網打尽 |
| 시기상조 | 時期尚早 | 일석이조 | 一石二鳥 |
| 심기일전 | 心機一転 | 일장일단 | 一長一短 |
| 십인십색 | 十人十色 | 일촉즉발 | 一触即発 |
| 악전고투 | 悪戦苦闘 | 일희일비 | 一喜一憂 |
| 오리무중 | 五里霧中 | 임기응변 | 臨機応変 |
| 용두사미 | 竜頭蛇尾 | 자업자득 | 自業自得 |
| 우여곡절 | 紆余曲折 | 자초지종 | 一部始終 |
| 우왕좌왕 | 右往左往 | 작심삼일 | 三日坊主 |
| 우유부단 | 優柔不断 | 전대미문 | 前代未聞 |
| 위풍당당 | 威風堂々 | 취사선택 | 取捨選択 |
| 유언비어 | 流言飛語 | 팔방미인 | 八方美人 |
| 유유자적 | 悠々自適 | 현모양처 | 良妻賢母 |
| 의기소침 | 意気消沈 | 황당무계 | 荒唐無稽 |

# 家族・親族呼称

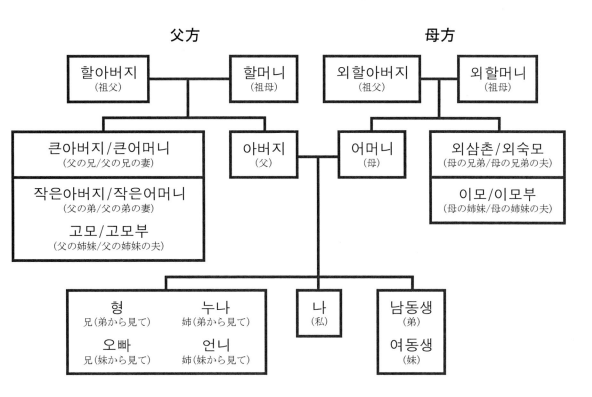

## 配偶者とその親族の呼称

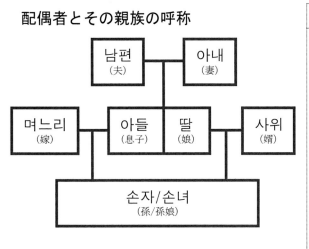

|  | 第三者に用いる | 呼び方 |
|---|---|---|
| 夫 | 남편 | 여보/당신 |
| 夫の父 | 시아버지 | 아버님 |
| 夫の母 | 시어머니 | 어머님 |
| 夫の兄 | 시아주버니 | 아주버님 |
| 夫の弟 | 시동생 | 도련님/서방님 |
| 夫の姉 | 시누이 | 형님 |
| 夫の妹 | 시누이 | 아가씨 |
| 妻 | 아내/처/집사람 | 여보/당신 |
| 妻の父 | 장인 | 장인어른/아버님 |
| 妻の母 | 장모 | 장모님/어머님 |
| 妻の兄 | 처남 | 형님 |
| 妻の弟 | | 처남 |
| 妻の姉 | | 처형 |
| 妻の妹 | | 처제 |

# 発音ルール

## 1．有声音化

初声平音「ㄱ,ㄷ,ㅂ,ㅈ」は、語頭では[k，t，p，ʧ]と発音されますが、語中では[g，d，b，ʤ]と濁って発音されます。

| 부부　pupu （×） → pubu （○） |
|:---:|

| | | |
|---|---|---|
| 누구(誰)→[nugu] | 어디(どこ)→[ɔdi] | 고기(肉)→[kogi] |
| 바다(海)→[pada] | 구두(靴)→[kudu] | 반지(指輪)→[panʤi] |

## 2．連音化

1）パッチムで終わる文字の次に「ㅇ」で始まる文字が続くと、パッチムが「ㅇ」に移ります。「Rent a car」が「レンタカー」と発音されるのと同じです。

| パッチム ＋ ㅇ母音 ⇒ 음악 （音楽） → ［으막］ |
|:---:|

| | | |
|---|---|---|
| 국어(国語)→[구거] | 일본어(日本語)→[일보너] | 발음(発音)→[바름] |
| 밥을(ご飯を)→[바블] | 단어(単語)→[다너] | 옷은(服は)→[오슨] |

2）パッチム「ㅇ」は連音されずそのまま発音されます(その時後ろの母音は鼻濁音)。

| パッチム「ㅇ」 ＋ ㅇ母音 ⇒ 종이 （紙） → ［종이］ |
|:---:|

| | | |
|---|---|---|
| 영어(英語)→[영어] | 고양이(猫)→[고양이] | 동양(東洋)→[동양] |
| 공업(工業)→[공업] | 쌍둥이(双子)→[쌍둥이] | 공원(公園)→[공원] |

3）2文字のパッチムの次に「ㅇ」で始まる文字が続くと、左側の子音字はパッチムとして残り、右側の子音字だけが移って連音されます。ただ、「ㄲ、ㅆ」のパッチムは一緒に連音されます。

| 2文字パッチム ＋ ㅇ母音 ⇒ 값은 （値段は） → ［갑슨］ |
|:---:|

| | | |
|---|---|---|
| 젊은이(若者)→[절므니] | 앉아요(座ります)→[안자요] | 짧아요(短いです)→[짤바요] |
| 밖에(外に)→[바께] | 읽어요(読みます)→[일거요] | 있어요(あります)→[이써요] |

4）パッチム「ㅎ」は次に母音が来ると発音しません。（「ㅎ」の無音化）

> パッチム「ㅎ」＋ ㅇ母音 ⇒ 좋아요(良いです) → [조아요]

| 많이(たくさん)→[마니] | 많아요(多いです)→[마나요] |
|---|---|
| 놓아요(置きます)→[노아요] | 넣어요(入れます)→[너어요] |

5）パッチム「ㄴ,ㄹ,ㅁ,ㅇ」に「ㅎ」が続くと、「ㅎ」は弱化し、連音のように発音されます。
   （「ㅎ」の弱音化）

> ㄴ
> ㄹ ＋ ㅎ → ㄴ
> ㅁ            ㄹ ⇒  전화(電話) → [저놔]
> ㅇ            ㅁ      결혼(結婚) → [겨론]
>               ㅇ      김해(金海) → [기매]
>                       영화(映画) → [영와]

| 은행(銀行)→[으냉] | 간호사(看護師)→[가노사] |
|---|---|
| 삼호선(三号線)→[사모선] | 천천히(ゆっくり)→[천처니] |
| 설화(説話)→[서롸] | 안녕하세요(こんにちは)→[안녕아세요] |

## 3．激音化

パッチム「ㄱ,ㄷ,ㅂ,ㅈ」はその前後に「ㅎ」が来ると[ㅋ,ㅌ,ㅍ,ㅊ]になります。

> ㄱ
> ㄷ ＋ ㅎ → ㅋ
> ㅂ            ㅌ ⇒  축하(祝賀)     →[추카]
> ㅈ            ㅍ      따뜻하다(暖かい) →[따뜨타다]
>               ㅊ      입학(入学)      →[이팍]
>                       좋지만(いいけど) →[조치만]

| 협회(協会)→[혀푀] | 급행(急行)→[그팽] | 못하다(できない)→[모타다] |
|---|---|---|
| 좋다(良い)→[조타] | 악화(悪化)→[아콰] | 부탁하다(頼む)→[부타카다] |
| 많다(多い)→[만타] | 역할(役割)→[역콸] | 깨끗하다(きれいだ)→[깨끄타다] |
| 학회(学会)→[하쾨] | 백화점(デパート)→[배콰점] | 잊혀지다(忘れられる)→[이쳐지다] |

## 4．濃音化

1) パッチム[ㄱ,ㄷ,ㅂ]の後に来る平音「ㄱ,ㄷ,ㅂ,ㅅ,ㅈ」は、濃音に変わります。

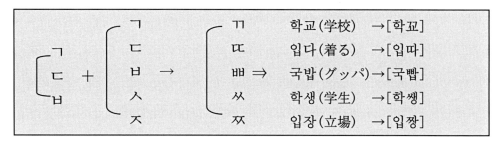

| | | |
|---|---|---|
| 약국(薬局)→[약꾹] | 합격(合格)→[합껵] | 국제(国際)→[국쩨] |
| 택시(タクシー)→[택씨] | 식사(食事)→[식싸] | 낮잠(昼寝)→[낟짬] |
| 합숙(合宿)→[합쑥] | 악수(握手)→[악쑤] | 숙제(宿題)→[숙쩨] |
| 낚시(釣り)→[낙씨] | 듣기(聞き取り)→[듣끼] | 입국(入国)→[입꾹] |

2) パッチム「ㄴ,ㄹ,ㅁ,ㅇ」の後に来る平音「ㄱ,ㄷ,ㅂ,ㅅ,ㅈ」は、濃音に変わります。

| ㄴ ㄹ ㅁ ㅇ + | ㄱ ㄷ ㅂ ㅅ ㅈ → | ㄲ ㄸ ㅃ ㅆ ㅉ ⇒ | 인기(人気) →[인끼] 용돈(小遣い) →[용똔] 담고(盛って) →[담꼬] 손수건(ハンカチ)→[손쑤건] 발전(発展) →[발쩐] |
|---|---|---|---|

| | | |
|---|---|---|
| 안과(眼科)→[안꽈] | 절대로(絶対に)→[절때로] | 빵집(パン屋)→[빵찝] |
| 한자(漢字)→[한짜] | 발달(発達)→[발딸] | 문법(文法)→[문뻡] |
| 평가(評価)→[평까] | 비빔밥(ビビンバ)→[비빔빱] | 실수(失敗)→[실쑤] |

※ 例外的に受身、使役の接尾辞である「〜기」は、「ㄴ,ㅁ」の後で濃音化されません。

例) 안기다(抱かれる)、감기다(盛られる)、굶기다(飢えさせる)、옮기다(移す)

※ また、パッチム「ㄴ,ㄹ,ㅁ,ㅇ」の後に来る平音「ㄱ,ㄷ,ㅂ,ㅅ,ㅈ」の全てが濃音化されるわけではなく有声音化になるものもあります。

例) 일본(日本)、출구(出口)、친구(友達)、준비(準備)、담배(タバコ)、감기(風邪)

3) 漢字語において、パッチム「ㄹ」の後に「ㄷ,ㅅ,ㅈ」が続くと、濃音化されます。

| | | |
|---|---|---|
| 발달(発達)→[발딸] | 열심히(熱心に)→[열씨미] | 결정(決定)→[결쩡] |
| 갈등(葛藤)→[갈뜽] | 출석(出席)→[출썩] | 발전(発展)→[발쩐] |
| 일시(日時)→[일씨] | 출장(出張)→[출짱] | 물질(物質)→[물찔] |

4）合成語の場合は後ろの単語の初声「ㄱ,ㄷ,ㅅ,ㅈ」が濃音化されます。(合成語における濃音化)

| 강가(川辺)→[강까] | 눈동자(瞳)→[눈똥자] | 손수건(ハンカチ)→[손쑤건] |
| 술잔(杯)→[술짠] | 술집(飲み屋)→[술찝] | 산새(山鳥)→[산쌔] |
| 다섯시(5時)→[다섣씨] | 바닷가(海辺)→[바닫까] | 숫자(数字)→[숟짜] |

5）未来連帯形「～(으)ㄹ」の後に来る「ㄱ, ㄷ, ㅂ, ㅅ, ㅈ」は濃音化されます。

| 갈 거예요(行くつもりです)→[갈꺼예요] | 갈 데가(行く所が)→[갈떼가] |
| 갈 사람(行くつもりの人)→[갈싸람] | 갈 수 있어요(行けます)→[갈쑤이써요] |
| 갈 지도(行くかも)→[갈찌도] | 갈수록(行くほど)→[갈쑤록] |

6）接尾辞の濃音化

| 性 | 가능성(可能性)→[가능씽] | 的 | 소극적(消極的)→[소극쩍] | 科 | 내과(内科)→[내꽈] |
|---|---|---|---|---|---|
| | 적극성(積極性)→[적끅씽] | | 지적(知的)→[지쩍] | | 외과(外科)→[외꽈] |
| 件 | 요건(要件)→[요껀] | 権 | 주권(主権)→[주꿘] | 点 | 장점(長所)→[장쩜] |
| | 사건(事件)→[사껀] | | 인권(人権)→[인꿘] | | 단점(短所)→[단쩜] |
| 病 | 당뇨병(糖尿病)→[당뇨뼝] | 法 | 헌법(憲法)→[헌뻡] | 状 | 상장(賞状)→[상짱] |
| | 심장병(心臓病)→[심장뼝] | | 형법(刑法)→[형뻡] | | 답장(返事)→[답짱] |

# 5. 流音化

パッチム「ㄴ」の次に「ㄹ」が来たり、逆にパッチム「ㄹ」の次に「ㄴ」が来ると、[ㄹ＋ㄹ]と発音されます。

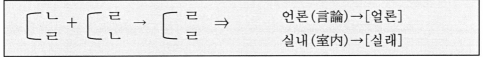

언론(言論)→[얼론]
실내(室内)→[실래]

| 신라(新羅)→[실라] | 진로(眞露)→[질로] | 연락(連絡)→[열락] |
| 편리(便利)→[펼리] | 설날(お正月)→[설랄] | 관리(管理)→[괄리] |

## 6. 鼻音化

1) パッチム「ㄱ,ㄷ,ㅂ」の次に「ㄴ,ㅁ」が来ると、パッチムの発音が「ㅇ,ㄴ,ㅁ」の音に
　変ります。（口音の鼻音化）

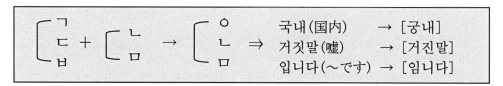

| 학년(学年)→[항년] | 국물(汁)→[궁물] | 이웃나라(隣国)→[이운나라] |
|---|---|---|
| 작년(去年)→[장년] | 옛날(昔)→[옌날] | 합니다(します)→[함니다] |

2) パッチム「ㅁ,ㅇ」の次に「ㄹ」が来ると「ㄹ」は「ㄴ」と発音されます。(流音の鼻音化)

$$
\left[\begin{array}{c}\text{ㅁ}\\\text{ㅇ}\end{array}\right. + \text{ㄹ} \rightarrow \text{ㄴ} \Rightarrow \quad
\begin{array}{l}\text{심리(心理)} \rightarrow [\text{심니}]\\\text{종로(鐘路)} \rightarrow [\text{종노}]\end{array}
$$

| 금리(金利)→[금니] | 염려(心配)→[염녀] | 경력(経歴)→[경녁] |
|---|---|---|
| 정류장(バス停)→[정뉴장] | 장래(将来)→[장내] | 정리(整理)→[정니] |

3) パッチム「ㄱ,ㄷ,ㅂ」の次に「ㄹ」が来ると、「ㅇ,ㄴ,ㅁ」+「ㄴ」と発音されます。
　（口音の鼻音化＋流音の鼻音化）

$$
\left[\begin{array}{c}\text{ㄱ}\\\text{ㄷ}\\\text{ㅂ}\end{array}\right. + \text{ㄹ} \rightarrow \left[\begin{array}{c}\text{ㅇ}\\\text{ㄴ}\\\text{ㅁ}\end{array}\right. + \text{ㄴ} \Rightarrow \quad
\begin{array}{l}\text{학력(学力)} \rightarrow [\text{항녁}]\\\text{몇리(何里)} \rightarrow [\text{면니}]\\\text{협력(協力)} \rightarrow [\text{혐녁}]\end{array}
$$

| 독립(独立)→[동닙] | 압력(圧力)→[암녁] | 국립(国立)→[궁닙] |
|---|---|---|
| 격려(激励)→[경녀] | 목련(木蓮)→[몽년] | 수업료(授業料)→[수엄뇨] |

## 7．口蓋音化

☞ 「ㄷパッチム＋이」は「지」、「ㅌパッチム＋이」は「치」と発音される。

$$
\begin{bmatrix} ㄷ \\ ㅌ \end{bmatrix} + 이 \rightarrow \begin{bmatrix} 지 \\ 치 \end{bmatrix} \Rightarrow \quad 굳이(あえて)\rightarrow[구지] \\ 같이(一緒に)\rightarrow[가치]
$$

| | |
|---|---|
| 해돋이(日の出)→[해도지] | 밭이(畑が)→[바치] |
| 붙이다(つける)→[부치다] | 곧이(そのまま)→[고지] |

## 8．頭音法則

「ㄹ」は第1音節の初声には用いません。

| | | | |
|---|---|---|---|
| 신라(新羅) — | 나열(羅列) | 근로(勤労) — | 노동(労働) |
| 경력(経歴) — | 역사(歴史) | 자료(資料) — | 요리(料理) |
| 물리(物理) — | 이론(理論) | 남녀(男女) — | 여자(女子) |

## 9．「ㄴ」音の添加

主に合成語の場合、パッチムの後に「야, 여, 요, 유, 이」が来ると「ㄴ」が添加され「냐, 녀, 뇨, 뉴, 니」と発音されます。このとき前の語のパッチムが「ㄹ」で終わる場合、流音化して「랴, 려, 료, 류, 리」になります。

$$
パッチム + \begin{bmatrix} 야 \\ 여 \\ 요 \\ 유 \\ 이 \end{bmatrix} \rightarrow \begin{bmatrix} 냐 \\ 녀 \\ 뇨 \\ 뉴 \\ 니 \end{bmatrix} \Rightarrow
\begin{array}{l}
한방약(漢方薬)\rightarrow[한방냑] \\
부산역(釜山駅)\rightarrow[부산녁] \\
어른요금(大人料金)\rightarrow[어른뇨금] \\
동유럽(東ヨーロッパ)\rightarrow[동뉴럽] \\
옛이야기(昔話)\rightarrow[옌니야기]
\end{array}
$$

| | |
|---|---|
| 한여름(真夏)→[한녀름] | 두통약(頭痛薬)→[두통냑] |
| 그림엽서(絵葉書)→[그림녑써] | 한국영화(韓国映画)→[한궁녕와] |

# 韓国語基本文型

| 1 | (名)-가/이 되다 | ～になる |
|---|---|---|
| 2 | (名)-가/이 아니다 | ～ではない |
| 3 | (名)-가/이 아니에요(아닙니다) | ～ではありません |
| 4 | (名)-가/이 아니고 | ～ではなく |
| 5 | (名)-가/이 아니라서 | ～ではないので |
| 6 | (名)-가/이 아니어서 | ～ではないので |
| 7 | (動、形)-거든요 | ～ますよ、～ですよ |
| 8 | (形)-게 | ～く、～ように |
| 9 | (動)-게 되다 | ～するようになる |
| 10 | (動)-게 하다 | ～させる、～するようにする |
| 11 | (動)-겠 | ～する、～するつもりだ |
| 12 | (動、形)-고 | ～し、～して |
| 13 | (動)-고 가다/오다 | ～してから行く/来る |
| 14 | (動)-고 나서 | ～してから |
| 15 | (動)-고 말았어요 | ～してしまいました |
| 16 | (動)-고 싶다 | ～したい |
| 17 | (動)-고 싶어하다 | ～したがる |
| 18 | (動)-고 싶은데요 | ～したいですが |
| 19 | (動)-고 있다 | ～している |
| 20 | (形)-군요 | ～ますね、～ですね |
| 21 | (動)-는군요 | ～ですね、～でしょうね |
| 22 | (動、形)-기 | ～すること、～さ |
| 23 | (動)-기 쉽다/좋다/편하다 | ～しやすい |
| 24 | (動、形)-기 시작하다 | ～しはじめる |
| 25 | (動)-기 어렵다/싫다/불편하다/힘들다 | ～しにくい、～するのが大変だ |
| 26 | (動)-기 위해(서)/위하여 | ～するために |
| 27 | (動、形)-기 전에 | ～する前に |
| 28 | (動)-기도 하다 | ～したりする |
| 29 | (動、形)-기 때문에 | ～ために、～ので、～から |
| 30 | (動)-기로 하다 | ～することにする |
| 31 | (動、形)-네요 | ～ますね、～ですね |
| 32 | (動)-느라(고) | ～していて、～のために |
| 33 | (動)-는 것 | ～すること |
| 34 | (動)-는 게 좋다 | ～方がいい |

| 35 | (動)-는 동안 | ～する間 |
|---|---|---|
| 36 | (動)-는 법 | ～する方法 |
| 37 | (動)-는 중 | ～しているところ |
| 38 | (動)-는 편이다 | ～するほうだ |
| 39 | (動)-는가요? | ～ますか？ |
| 40 | (動)-다가 | ～していて、～する途中で |
| 41 | (動)-던 | ～していた |
| 42 | (動)-도록 하다 | ～するようにする |
| 43 | (動)-듯(이) | ～ように |
| 44 | (名)-때문에 | ～のために |
| 45 | (名)-를/을 가다 | ～に行く |
| 46 | (名)-를/을 닮다 | ～に似ている |
| 47 | (名)-를/을 만나다 | ～に会う |
| 48 | (名)-를/을 못하다 | ～が下手だ |
| 49 | (名)-를/을 비롯해(서) | ～をはじめとして |
| 50 | (名)-를/을 싫어하다 | ～が嫌いだ |
| 51 | (名)-를/을 이기다 | ～に勝つ |
| 52 | (名)-를/을 위해(서) | ～のために |
| 53 | (名)-를/을 잘하다 | ～が上手だ、～がよくできる |
| 54 | (名)-를/을 좋아하다 | ～が好きだ |
| 55 | (名)-를/을 타다 | ～に乗る |
| 56 | (名)-를/을 할 수 있다(없다) | ～することができる(できない) |
| 57 | (名)-마다 | ～ごとに |
| 58 | (名)-만 | ～だけ、～ほど |
| 59 | (名)-만 해도 | ～だけでも |
| 60 | (名)-만큼 | ～くらい、～ほど |
| 61 | (名)-말고 | ～ではなくて、～は除いて |
| 62 | 못-(動) | ～できない、～が下手だ |
| 63 | (動、形)- (스)ㅂ니다 | ～ます、～です |
| 64 | (名)-밖에 | ～しか |
| 65 | (名)-보다 | ～より |
| 66 | (名)-뿐 | ～だけ |
| 67 | (名)-뿐(만) 아니라 | ～だけではなく |
| 68 | (動)-자 | ～しよう |
| 69 | (動)-자 마자 | ～やいなや、～してからすぐ |
| 70 | (動、形)-잖아요 | ～じゃないですか |

| 71 | (名)- (이)잖아요 | ～じゃないですか |
| 72 | (名)-중 | ～中、～の最中 |
| 73 | (名)-중에서 | ～中で |
| 74 | (動)-지 마세요/지 마십시오 | ～しないでください |
| 75 | (動)-지 말고 | ～ではなくて |
| 76 | (動)-지 못하다 | ～できない、～が下手だ |
| 77 | (動、形)-지 않다 | ～しない、～くない |
| 78 | (動、形)-지만 | ～が、～けれど(も) |
| 79 | (動、形)-지요? | ～でしょう? |
| 80 | (動)- (으)ㄴ/는 김에 | ～ついでに |
| 81 | (動、形)- (으)ㄴ/는/(으)ㄹ 것 같다 | ～ようだ、～するようだ |
| 82 | (名)- (이)ㄴ 것 같다/(이)ㄹ 것 같다 | ～のようだ |
| 83 | (動)- (으)ㄴ 다음에/후에 | ～した後に、～してから |
| 84 | (名)-후 | ～後 |
| 85 | (動)- (으)ㄴ지 | ～してから、～して以来 |
| 86 | (形)- (으)ㄴ지 | ～かどうか、～であるかどうか |
| 87 | (動)-는지 | ～かどうか、～するのかどうか |
| 88 | (名)- (이)ㄴ 지 | ～かどうか、～なのかどうか |
| 89 | (形)- (으)ㄴ 편이다 | ～であるほうだ |
| 90 | (動、形)- (으)ㄴ/는/(으)ㄹ 것 | ～こと |
| 91 | (動、形)- (으)ㄴ/는/(으)ㄹ 만큼 | ～と同じくらい、～ほど |
| 92 | (形)- (으)ㄴ가요? | ～ですか? |
| 93 | (動、形)- (으)ㄴ데/는데 | ～だが、～だけど |
| 94 | (名)-인데 | ～んだが、～んだけど |
| 95 | (動、形)-았/었는데 | ～だったが、～だったけど |
| 96 | (動、形)- (으)ㄴ/는데요 | ～ですが、～ですけど |
| 97 | (名)-인데요 | ～んですが、～んですけど |
| 98 | (動、形)- (으)ㄴ데/는데도 | ～するのに |
| 99 | (動)- (으)ㄴ적이 있다/없다 | ～したことがある/ない |
| 100 | (動、形)- (으)ㄴ/는/(으)ㄹ 줄 알다 | ～ことを知る、～と思う |
| 101 | (動、形)- (으)ㄴ/는/(으)ㄹ 줄 모르다 | ～とは思わない |
| 102 | (動、形)- (으)니까 | ～なので、～だから |
| 103 | (動、形)- (으)로 하다 | ～にする |
| 104 | (名)- (이)라고 합니다 | ～と申します |
| 105 | (名)- (이)라도 | ～でも |
| 106 | (名)- (이)라서 | ～なので |

| 107 | (名)- (이)란 | ～というのは |
|---|---|---|
| 108 | (名)- (이)면 | ～であれば、～だったら |
| 109 | (名)- (이)요? | ～ですか？ |
| 110 | (名)-입니다(까?) | ～です(か？) |
| 111 | (動)-아/어 가다(오다) | ～して行く(来る) |
| 112 | (動)-아/어 두다 | ～しておく |
| 113 | (動)-아/어 버리다 | ～してしまう |
| 114 | (動)-아/어 보다 | ～してみる |
| 115 | (動)-아/어 보이다 | ～く見える、～のように見える |
| 116 | (動)-아/어 있다 | ～している |
| 117 | (動)-아/어 주다(드리다) | ～してくれる(～して差し上げる) |
| 118 | (動)-아/어 주세요 | ～してください |
| 119 | (動、形)-아/어 죽겠다 | ～して死にそう、～くてたまらない |
| 120 | (動)-아/어 지다 | ～くなる |
| 121 | (動、形)-아/어도 | ～ても、～くても |
| 122 | (動)-아/어도 되다/괜찮다/좋다 | ～しても構わない、～してもいい |
| 123 | (動)-아/어서 | ～して、～くて、～ので |
| 124 | (動)-아/어서는 | ～しては |
| 125 | (動)-아/어야 하다(되다) | ～しなければならない、～すべきた |
| 126 | (動、形)-아/어요 | ～ます、～です |
| 127 | 안-(動、形) | ～しない |
| 128 | (動、形)-았/었어요 | ～ました、～でした |
| 129 | (動)-았/었으면 | ～したら |
| 130 | (動)-았/었으면 좋겠다 | ～したらいいのに、～できたらいいのに |
| 131 | (動)-았/었더라면 | ～していたら |
| 132 | (名)-에다가 | ～に |
| 133 | (名)-여서/이어서 | ～なので |
| 134 | (名)-예요/이에요 | ～です |

# 韓日単語帳

| | | | | | | |
|---|---|---|---|---|---|
| **ㄱ** | | 건강진단 | 健康診断 | 곱다 | きれいだ |
| 가게 | 店 | 건너다 | 渡る | 곱빼기 | 大盛 |
| 가격 | 価格 | 건조 | 乾燥 | 곳에 따라 | ところによって |
| 가깝다 | 近い | 걷다 | 歩く | 공간 | 空間 |
| 가방 | カバン | 걸다 | かける | 공부하다 | 勉強する |
| 가볍다 | 軽い | 걸리다 | かかる | 공짜 | ただ |
| 가요 | 歌謡 | 걸어오다 | 歩いて来る | 공포영화 | ホラー映画 |
| 가을 | 秋 | 검사 날짜 | 検査日 | 공항 | 空港 |
| 가장 | 一番 | 검정색 | 黒色 | 공휴일 | 祝祭日 |
| 가족 | 家族 | 겨울 | 冬 | 과일 | 果物 |
| 간단하다 | 簡単だ | 결과 | 結果 | 과자 | お菓子 |
| 간섭하다 | 干渉する | 결항되다 | 欠航になる | 광고 | 広告 |
| 간을 보다 | 味見をする | 결혼하다 | 結婚する | 광복절 | 光復節 |
| 간을 하다 | 味付けをする | 경치 | 景色 | 괜찮다 | 大丈夫だ |
| 간장 | 醤油 | 계단 | 階段 | 괴롭다 | 苦しい |
| 갈다 | ひく、おろす | 계란 | 卵 | 교실 | 教室 |
| 갈매기 | カモメ | 계시다 | いらっしゃる | 구름 | 雲 |
| 갈색 | 茶色 | 계약금 | 契約金 | 구하다 | 求める、探す |
| 갈아입다 | 着替える | 계절 | 季節 | 국 | 汁 |
| 갈아타다 | 乗りかえる | 계획을 세우다 | 計画を立てる | 국그릇 | 汁わん |
| 감기약 | 風邪薬 | 고기 | 肉 | 국제전화 | 国際電話 |
| 감기에 걸리다 | 風邪をひく | 고기를 잡다 | 魚を釣る | 굶다 | (食事を) 欠かす |
| 갑자기 | 急に | 고르다 | 選ぶ | 굽다 | 焼く |
| 값 | 値段 | 고맙다 | 有り難い | 궁금하다 | 気がかりだ |
| 강수량 | 降水量 | 고민하다 | 悩む | 귀엽다 | 可愛い |
| 갖다 드리다 | お持ちする | 고생하다 | 苦労する | 귤 | みかん |
| 같이 | 一緒に | 고속버스 | 高速バス | 그건 | それは |
| 개띠 | いぬ年 | 고양이 | 猫 | 그걸 | それを |
| 개학 시즌 | 始業シーズン | 고장 나다 | 故障する | 그걸로 | それで |
| 거기 | そこ | 고추장 | コチュジャン | 그게 | それが |
| 걱정하다 | 心配する | 고춧가루 | 唐辛子粉 | 그냥 | そのまま、ただ |
| 건강 | 健康 | 고프다 | (お腹が) 空く | 그다지 | あまり |
| 건강보험증 | 健康保険証 | 골프를 치다 | ゴルフをする | 그래도 | それでも |

| 韓 | 日 | 韓 | 日 | 韓 | 日 |
|---|---|---|---|---|---|
| 그래서 | それで | 김치찌개 | キムチチゲ | 날개 | 翼 |
| 그래요？ | そうですか？ | 깊다 | 深い | 날다 | 飛ぶ |
| 그러나 | しかし | 까다 | むく | 날마다 | 毎日 |
| 그러니까 | だから | 까만색 | 黒色 | 날씨 | 天気 |
| 그러면 | それでは | 까맣다 | 黒い | 날씬하다 | すらりとしている |
| 그러지 말고 | そう言わずに | 깜빡하다 | うっかりする | 남녀노소 | 老若男女 |
| 그런데 | ところで | 깜작 놀라다 | びっくりする | 남대문 시장 | 南大門市場 |
| 그럼 | それでは | 깨 | ゴマ | 남동생 | 弟 |
| 그렇다 | そうだ | 깨끗하다 | 清潔だ、 | 남산타워 | 南山タワー |
| 그렇지만 | そうだけれども、だが | | きれいだ | 남색 | 紺色 |
| 그리고 | そして | 깨닫다 | 悟る | 남자 | 男子 |
| 그만두다 | やめる | 깨소금 | ゴマ塩 | 남자친구 | ボーイフレンド |
| 그저께 | 一昨日 | 꺼지다 | 消える | 낫다 | 治る、(〜より) ましだ |
| 근교 | 近郊 | 껍질을 벗기다 | 皮をむく | 낮 | 昼間 |
| 근무하다 | 勤務する | 〜께 | 〜に | 낮다 | 低い |
| 근처 | 近所 | 〜께로부터 | 〜から | 낳다 | 生む |
| 글씨 | 字 | 〜께서 | 〜が | 내가 | 私が |
| 금방 | すぐ | 〜께서는 | 〜は | 내게 | 私に |
| 긋다 | 引く | 〜께서도 | 〜も | 내려다보다 | 見下ろす |
| 기념일 | 記念日 | 꼭 | 必ず、ぜひ | 내려오다 | 下りてくる |
| 기다리다 | 待つ | 꽃 | 花 | 내리다 | 降りる |
| 기르다 | 飼う、育てる | 꽤 | かなり | 내용 | 内容 |
| 기분이 좋다 | 気分がいい | 끄다 | 消す | 내일 | 明日 |
| 기뻐하다 | 喜ぶ | 끊다 | やめる、断つ | 냉면 | 冷麺 |
| 기쁘다 | 嬉しい | 끓이다 | 沸かす | 냉장고 | 冷蔵庫 |
| 기숙사 | 寄宿舎 | 끝까지 | 最後まで | 너무 | とても |
| 기차 | 汽車 | 끝내다 | 終える | 넌 | 君は |
| 기침 | 咳 | | | 널 | 君を |
| 기침이 나오다 | 咳が出る | ㄴ | | 넓다 | 広い |
| 긴장되다 | 緊張する、引き締まる | 나무 | 木 | 넣다 | 入れる |
| 긴장하다 | 緊張する | 나쁘다 | 悪い | 네 | はい |
| 길거리 | 街頭 | 나오다 | 出てくる | 네가 | 君が |
| 길다 | 長い | 나이 | 年齢、年 | 노란색 | 黄色 |
| 길이 막히다 | 道が混む | 나중에 | 後で | 노랗다 | 黄色い |
| 김 | ノリ | 난 | 私は | 노래 | 歌 |
| 김밥 | のり巻き | 날 | 私を | 노래가사 | 歌詞 |

| 노래를 부르다 | 歌を歌う | 단어 | 単語 | 된장 | 味噌 |
|---|---|---|---|---|---|
| 노력 | 努力 | 닫다 | 閉める | 두 배 | 二倍 |
| 노트 | ノート | 닫히다 | 閉まる | 두부 | 豆腐 |
| 녹다 | 溶ける | 달다 | 甘い、揚げる、かける | 두세 번 | 二三回 |
| 녹말가루 | 片栗粉 | 달려 있다 | かかっている | 두통약 | 頭痛薬 |
| 녹색 | 緑色 | 닭 | 鶏 | 둘 다 | 二つとも |
| 놀다 | 遊ぶ | 닭띠 | とり年 | 드라마 | ドラマ |
| 농구 | バスケットボール | 닮다 | 似る | 드라이브 | ドライブ |
| 높다 | 高い | 담그다 | 漬ける | 드리다 | 差し上げる |
| 놓고 내리다 | おいて下りる | 담배 | タバコ | 드시다 | 召し上がる |
| 놓다 | 置く | 답답하다 | もどかしい | 듣다 | 聞く |
| 놓이다 | 置かれる | ~대 | ~台 | 들다 | 持つ |
| 누가 | 誰が | 대학 | 大学 | 들려주다 | 聞かせてくれる |
| 누굴 | 誰を | 대학생 | 大学生 | 들르다 | 立ち寄る |
| 누르다 | 押す | 대한민국 | 大韓民国 | 들어가다 | 入る |
| 눈 | 目、雪 | 댁 | お宅 | 들어오다 | 入る、入ってくる |
| 눈이 붓다 | 目がはれる | 더럽다 | 汚い | ~등 | ~等 |
| 눈이 크다 | 目が大きい | ~데 | ~所 | 등산복차림 | 山登服の姿 |
| 눕다 | 横になる | 데려가다 | 連れていく | 등심 | (牛肉の) ヒレ、ロース |
| 늘다 | 増える | 데리고 가다 (오다) | 連れて行く | 디자인 | デザイン |
| 늦다 | 遅い | 데우다 | 温める | 따님 | お嬢さま |
| 늦잠을 자다 | 朝寝坊をする | 데치다 | 湯がく | 따뜻하다 | 暖かい |
| | | 도시락 | お弁当 | 따라 부르다 | 従って歌う |
| | | 도움 | 助け | 따로 없다 | 別にない |
| **ㄷ** | | 도착하다 | 到着する | 따르다 | 従う、注ぐ |
| 다다르다 | 至る | 돈 | お金 | 딸 | 娘 |
| 다르다 | 違う、異なる | 돈을 벌다 | お金を稼ぐ | 딸기 | イチゴ |
| 다른 것 | 他の事 | 돌려주다 | 返す | 땀을 내다 | 汗をかく |
| 다른 곳 | 他の所 | 돌아가시다 | お亡くなりになる | 때를 밀다 | 垢をこする |
| 다른 색 | 他の色 | 돕다 | 手伝う、助ける | 떠들다 | 騒ぐ |
| 다스리다 | 治める | ~동 | ~棟 | 떠오르다 | 思い出される、浮かぶ |
| 다시 | また、再び | 동네 | 町 | 떡 | 餅 |
| 다시 한번 | もう一度 | ~동안 | ~の間 | 떡볶이 | トッポッキ |
| 다시는 | 二度と | 동전 | コイン | 떨다 | 震える、緊張する |
| 다음 달 | 来月 | 돼지띠 | いのしし年 | 떨어지다 | 落ちる |
| 다음 주 | 来週 | 되도록 | なるべく、できるだけ | 또 | また |
| 단무지 | たくあん | | | | |

| | | | | | |
|---|---|---|---|---|---|
| 똑같다 | 同じだ | 말하기 | 話すこと、言うこと | 몸에 좋다 | 体にいい |
| 뚱뚱하다 | 太っている | 말하다 | 話す、言う | 못 생기다 | みにくい |
| 뜨겁다 | 熱い | 맑음 | 晴れ | 무겁다 | 重い |
| 뜻 | 意味 | 맛 | 味 | 무덥다 | 蒸し暑い |
| 띠 | 干支 | 맛보다 | 味見をする | 무료 | 無料 |
| | | 맛술 | ミリン | 무섭다 | 怖い |
| **ㄹ** | | 맛있게 | 美味しく | 무슨 | 何の |
| 라면 | ラーメン | 맞다 | 当たる | 무엇보다 | 何よりも |
| 라이터 | ライター | 맞아요 | その通りです | 무지개 | 虹 |
| 라지 사이즈 | ラージサイズ | 매일 | 毎日 | 무치다 | (野菜などを) あえる |
| 레시피 | レシピ | 맥주 | ビール | 문을 열다 | ドアを開ける |
| | | 맵다 | 辛い | 문제 | 問題 |
| **ㅁ** | | 머리가 길다 | 髪が長い | 묻다 | 尋ねる、(物を) 埋める |
| 마늘 | にんにく | 머리가 아프다 | 頭が痛い | 물 | 水 |
| ～마다 | ～ごとに | 먹다 | 食べる | 물건 | 品物 |
| 마르다 | やせる | 먹어 주다 | 食べてくれる | 물론 | もちろん |
| ～마리 | ～匹 | 먼저 | まず、先に | 물어보다 | 聞いてみる |
| 마시다 | 飲む | 멀미약 | 酔い止め薬 | 물을 붓다 | 水を注ぐ |
| 마음에 들다 | 気にいる | 멋있다 | 格好いい、素敵だ | 뭐 | なに |
| 마음이 착하다 | 心が善良だ | 메뉴 | メニュー | 뭐가 | 何が |
| 마음이 편하다 | 気楽だ | 메일 | メール | 뭐든지 | 何でも |
| 마트 | スーパーマーケット | 명물 | 名物 | 뭐로 | 何で |
| 막걸리 | マッコリ | 명산 | 名山 | 뭘 | 何を |
| ～만 | ～だけ、～ばかり | 명품 | ブランド品 | 미국 | アメリカ |
| 만나다 | 会う | 몇 | 何～ | 미리 | 前もって |
| 만두 | 餃子 | 모두 | 皆、すべて、全部 | 미술학원 | アートスクール |
| 만두국 | 餃子スープ | | | 미안하다 | すまない |
| 만들다 | 作る | 모르다 | 分からない | 민속촌 | 民俗村 |
| 만리장성 | 万里の長城 | 모습 | 姿 | 믿다 | 信じる |
| 만원이다 | 満員だ | 모시고 가다 (오다) | お連れする | 밀가루 | 小麦粉 |
| 만화 | 漫画 | 모으다 | 集める | 밀리다 | たまる |
| 많다 | 多い | 모자 | 帽子 | 밉다 | 憎い |
| 말 | 馬、言葉 | 목 | 首、喉 | | |
| 말띠 | うま年 | 목요일 | 木曜日 | **ㅂ** | |
| 말씀 | お言葉、お話 | 목이 아프다 | 喉が痛い | 바꾸다 | 変える |
| 말씀하시다 | おっしゃる | 몸 | 体 | 바나나 | バナナ |

| | | | | | |
|---|---|---|---|---|---|
| 바다 | 海 | 버리다 | 捨てる | 부장（님） | 部長 |
| 바닥 | 床 | 버스 | バス | 부치다 | (フライパンで) 焼く、(手紙・物など) 送る |
| 바람 | 風 | 번개 | いなずま | | |
| 바로 | すぐ | 번데기 | ポンデギ(食べ物) | 부탁하다 | 頼む、お願いする |
| 바쁘다 | 忙しい | 벌써 | もう、すでに | 분 | 方 |
| 바지 | ズボン | 벗기다 | むく | 분식집 | うどんやラーメンなどの簡単な料理を食べさせる店 |
| 박물관 | 博物館 | 벗다 | 脱ぐ | | |
| 밖 | 外 | 벽 | 壁 | 분위기 | 雰囲気 |
| ～밖에 | ～しか | 변비약 | 便秘薬 | 분홍색 | ピンク色 |
| 반갑다 | 嬉しい | 변하다 | 変わる | 불을 끄다 | 電気を消す |
| 반년 | 半年 | 별로 | あまり | 불편하다 | 不便だ |
| 반찬 | おかず | 별일 | 変わったこと、別事 | 붓다 | 注ぐ、垂れる |
| 반창고 | 絆創膏 | 별일(이) 없다 | お変わりない | 붙어 있다 | 付いている |
| 받다 | 受け取る | 병 | 病気 | 비 | 雨 |
| 받아 가다 | もらって行く | 병원 | 病院 | 비교하다 | 比較する |
| 발음 | 発音 | 병환 | お加減 | 비닐봉지 | ビニル袋 |
| 밝다 | 明るい | ～보다 | ～より | 비비다 | 混ぜる |
| 밤 | 夜 | 보다 | 見る | 비타민제 | ビタミン剤 |
| 밤늦게 | 夜遅く | 보라색 | 紫色 | 비행기 | 飛行機 |
| 밤새 | 夜のうち、夜中 | 보약 | 補薬(強壮剤) | 빗다 | 髪をとく |
| 밥 | 飯 | 보이다 | 見える | 빠르다 | 速い、早い |
| 밥그릇 | 茶碗 | 보통 | 普通 | 빨간색 | 赤い色 |
| 방 | 部屋 | 복날 | 伏日 | 빨갛다 | 赤い |
| 방과 후 | 放課後 | 복잡하다 | 混む、複雑だ | 빨래하다 | 洗濯する |
| 방금 | ただいま | 복합생활문화공간 | 複合生活文化空間 | 빨리 | 早く |
| 방문하다 | 訪問する | 볶다 | 炒める | 빼앗다 | 奪う |
| 방을 구하다 | 部屋を探す | 볼 일 | 用事 | 뽑다 | 抜く、選ぶ |
| 방학 | (学校の長期の) 休み | 볼펜 | ボールペン | ～뿐 | ～だけ |
| 배달시키다 | 配達させる | 뵙다 | お目にかかる | | |
| 배달하다 | 配達する | 부끄럽다 | 恥ずかしい | | ㅅ |
| 배부르다 | 満腹だ | 부동산 | 不動産 | 사계절 | 四季 |
| 배우다 | 習う | 부럽다 | 羨ましい | 사과 | りんご |
| 백화점 | デパート | 부르다 | 歌う、呼ぶ | 사귀다 | 付き合う |
| 뱀 | 蛇 | 부모님 | 両親 | 사람 | 人 |
| 뱀띠 | へび年 | 부부 | 夫婦 | 사용하다 | 使用する、使う |
| 버릇 | 癖 | 부자 | 金持ち | | |

|  |  |  |  |  |  |
|---|---|---|---|---|---|
| 사이즈 | サイズ | 세상 | 世の中 | 시금치 | ほうれん草 |
| 사이트 | サイト | 소개하다 | 紹介する | 시끄럽다 | うるさい |
| 사장 (님) | 社長 | 소고기 | 牛肉 | 시어머니 | 姑 |
| 사전 | 辞書 | 소금 | 塩 | 시원하다 | 涼しい |
| 사진을 찍다 | 写真を撮る | 소나기 | 夕立、にわか雨 | 시원해지다 | 涼しくなる |
| 사진찍기 | 写真を撮ること | 소띠 | うし年 | 시즌 | シーズン |
| 산 | 山 | 소리 | 音 | 시합 | 試合 |
| 산책하다 | 散策する | 소리를 내다 | 声に出す | 시험 | 試験 |
| 살다 | 住む | 소설가 | 小説家 | 시험을 보다 | 試験を受ける |
| 살이 찌다 | 太る | 소용없다 | 無駄だ | 식당 | 食堂 |
| 삶다 | 茹でる | 소절 | 楽譜の縦線で区切られた部分 | 식사 예절 | 食事のマーナ |
| 삼계탕 | サムゲタン | 소주 | 焼酎 | 식사하다 | 食事する |
| 상관없이 | 関係ない | 소화제 | 消化剤 | 식용유 | サラダ油 |
| 상쾌하다 | 爽やかだ | 손님 | お客様 | 식초 | 酢 |
| 상품 | 商品 | 손수건 | ハンカチ | 식혜 | 甘酒の一種 |
| 새롭다 | 新しい | 손을 씻다 | 手を洗う | 식후 | 食後 |
| 색 | 色 | 쇼핑 | ショッピング | 신다 | (靴、靴下などを) 履く |
| 색깔 | 色 | 쇼핑몰 | ショッピングモール | 신문 | 新聞 |
| 생각보다 | 思ったより | 수면실 | 睡眠室 | 신문지 | 新聞紙 |
| 생기다 | できる、生じる | 수박 | スイカ | 신속배달 | 迅速な配達 |
| 생신 | お誕生日 | 수영 | 水泳 | 신제품 | 新製品 |
| 생일 | 誕生日 | 수영하다 | 水泳する、泳ぐ | 신청하다 | 申請する |
| 생일 선물 | 誕生日プレゼント | 수요일 | 水曜日 | 실내 | 室内 |
| 생활비 | 生活費 | 숙제 | 宿題 | 실례 | 失礼 |
| 서두르다 | 急ぐ | 숟가락 | スプーン | 싫다 | 嫌いだ |
| 서비스 | サービス | 술 | お酒 | 싫어하다 | 嫌がる |
| 서울역 | ソウル駅 | 쉬다 | 休む | 심하다 | 酷い |
| 서투르다 | 下手だ | 쉽다 | 易しい | 싱겁다 | 味が薄い |
| 선물 | プレゼント | 슈퍼 | スーパー | 싸다 | 安い |
| 선생님 | 先生 | 스타일 | スタイル | 싸우다 | 喧嘩する |
| 선약 | 先約 | 스트레스 | ストレス | 쌀 | 米 |
| 선을 긋다 | 線を引く | 스파케티 | スパゲティー | 썩다 | 腐る |
| 설날 | お正月、元旦 | 슬프다 | 悲しい | 쓰기 | 書き取り |
| 설탕 | 砂糖 | 습기 | 湿気 | 쓰다 | 書く、使う、かぶる |
| 성격 | 性格 | 습도 | 湿度 | 쓰레기 | ゴミ |
| 성함 | お名前 | 시간 | 時間 | 쓰여 있다 | 書かれている |

| | | | | | |
|---|---|---|---|---|---|
| 쓸쓸하다 | 寂しい | 안부 전하다 | よろしく伝える | 언제 | いつ |
| ~씩 | ~ずつ | 안약 | 目薬 | 언젠가 | いつか |
| 씹다 | 噛む | 알다 | 知る | 얻다 | 得る |
| 씻다 | 洗う | 알아보다 | 調べてみる | 얼다 | 凍る |
| | | 앞자리 | 前の席 | 얼마 전에 | この前 |
| **ㅇ** | | 야구 | 野球 | 얼마나 | どれぐらい、どんなに |
| 아기 | 赤ちゃん | 야구선수 | 野球選手 | 업다 | 背負う |
| 아까 | さっき | 야구시합 | 野球試合 | ~에게 | ~に |
| 아뇨 | いいえ | 야구장 | 野球場 | ~에게서 | ~から |
| 아드님 | ご子息 | 야채 | 野菜 | 에어컨 | エアコン |
| 아들 | 息子 | 약속 장소 | 約束場所 | 에어컨을 켜다 | エアコンをつける |
| 아르바이트 | アルバイト | 약을 먹다 | 薬を飲む | 엘리베이터 | エレベーター |
| 아름답다 | 美しい | 양 | 量 | 여권 | パスポート |
| 아마 | たぶん | 양념 | 薬味 | 여기 | ここ |
| 아무 | どんな | 양띠 | ひつじ年 | 여기에 | ここに |
| 아무 데나 | どこでも | 양치질하다 | 歯磨きをする | 여동생 | 妹 |
| 아무 데도 | どこにも | 얘기 | 話 | 여러 가지 | 色々 |
| 아무 때나 | いつでも | 어느 걸 | どれを | 여러 명 | 数名 |
| 아무거나 | なんでも | 어느 걸로 | どれで | 여러분 | みなさん |
| 아무것도 | なにも | 어느 게 | どれが | 여름 | 夏 |
| 아무나 | だれでも | 어둡다 | 暗い | 여자친구 | ガールフレンド |
| 아무도 | だれも | 어디서나 | どこでも | 여행 | 旅行 |
| 아무리 | いくら、どんなに | 어떻게 | どのように | 역 | 駅 |
| 아무에게도 | だれにも | 어떻다 | どうだ | 역시 | やはり |
| 아무한테나 | だれにでも | 어렵다 | 難しい | 연고 | 軟膏 |
| 아버님 | お父さま | 어른 | 大人 | 연두색 | 黄緑 |
| 아버지 | 父、お父さん | 어리다 | 幼い | 연락하다 | 連絡する |
| 아이 | 子供 | 어머 | あら！ | 연세 | お年 |
| 아이스크림 | アイスクリーム | 어머니 | 母、お母さん | 연하다 | やわらかい |
| 아주 | とても、たいへん、非常に | 어머님 | お母さま | 열 | 熱 |
| 아직 | まだ | 어묵 | おでん | 열다 | 開ける |
| 아침 | 朝 | 어버이날 | 父母の日 | 열리다 | 開く |
| 아파트 | アパート | 어울리다 | 似合う | 열심히 | 一所懸命 |
| 아프다 | 痛い | 어제 | 昨日 | 열정적이다 | 情熱的だ |
| 안개 | 霧 | 어젯밤 | 昨晩 | 영수증 | 領収証 |
| 안개가 끼다 | 霧がかかる | 어쩌죠? | どうしましょう? | 영어 | 英語 |

|  |  |  |  |  |  |
|---|---|---|---|---|---|
| 영어학원 | 英語スクール | 운영하다 | 運営する | 이를 닦다 | 歯を磨く |
| 영업하다 | 営業する | 운전하다 | 運転する | 이름 | 名前 |
| 영하 | 零下、氷点下 | 웃다 | 笑う | 이번 | 今回 |
| 영화 | 映画 | 웃음이 나오다 | 笑いが出る | 이번 주 | 今週 |
| 예쁘게 생기다 | 可愛らしく見える | 원룸 | ワンルーム | 이사 오다 | 引っ越してくる |
| 예쁘다 | きれいだ、可愛い | 원숭이띠 | さる年 | 이상 | 以上 |
| 예전 | 昔、ずっと前 | 원하다 | 願う | 이상형 | (理想の) タイプ |
| 옛날 | 昔 | 월급날 | 給料日 | 이야기하다 | 話する |
| 오늘 | 今日 | 월요일 | 月曜日 | 이열치열 | 以治以熱 |
| 오래 | しばらく | 위장약 | 胃腸薬 | 이익 | 利益 |
| 오래간만에 | 久しぶりに | 위험하다 | 危険だ | 이제 | もう |
| 오르다 | 登る、上がる | 윗사람 | 目上の人 | 이쪽 | こちら |
| 오른쪽 | 右側 | 유람선 | 遊覧船 | 이후 | 以後 |
| 오전 중 | 午前中 | 유행 | 流行 | 인기 | 人気 |
| 오히려 | むしろ、かえって | 유행성 독감 | インフルエンザ | 인사 | 挨拶 |
| 온 세상 | 世界中 | 유행을 타다 | 流行に敏感だ | 인상 | 印象 |
| 온돌방 | オンドル部屋 | 음료수 | 飲み物 | 인천 | 仁川（地名） |
| 올라가다 | 登って行く | 음식 | 食べ物 | 인터넷 | インターネット |
| 올해 | 今年 | 응원 | 応援 | 일기를 쓰다 | 日記をつける |
| 옮기다 | 移す | 응원하다 | 応援する | 일기예보 | 天気予報 |
| 옷 | 服 | 의사 | 医者 | 일본사람 | 日本人 |
| 왜 | なぜ | 의학 | 医学 | 일본어 | 日本語 |
| 외국어 | 外国語 | 이 분 | この方 | 일석이조 | 一石二鳥 |
| 외국인 | 外国人 | 이거 말고 | これじゃなくて | 일어나다 | 起きる |
| 외롭다 | 寂しい | 이건 | これは | 일요일 | 日曜日 |
| 외우다 | 覚える | 이걸 | これを | 일주일 | 一週間 |
| 외출하다 | 外出する | 이걸로 | これにして、これで | 일찍 | 早く |
| 요리 | 料理 | 이것 | これ | 읽기 | 読み取り |
| 요즘 | この頃 | 이것저것 | あれこれ | 읽다 | 読む |
| 용띠 | たつ年 | 이게 | これが | 잃어버리다 | なくす、迷う |
| 우리 | 我々 | 이겨 내다 | 勝ち抜ける | 입다 | 着る |
| 우린 | 私たちは | 이기다 | 勝つ | 입맛 | 食欲、口当たり |
| 우릴 | 私たちを | ～ (이) 나 | ～でも | 입맛대로 | 口当たりどおり |
| 우산 | 傘 | 이따가 | 後で | 입맛이 없다 | 食欲がない |
| 우연히 | 偶然に | 이렇게 | このように、こんなに | 입안 | 口の中 |
| 우유 | 牛乳 | 이렇다 | こうだ、このようだ | 입에 맞다 | 口に合う |

| 잇다 | 継ぐ | 저흰 | 私たちは | 좋아하다 | 好きだ |
|---|---|---|---|---|---|
| 있다 | ある、いる | 저휠 | 私たちを | 주다 | やる |
| 잊다 | 忘れる | 적다 | 書く、少ない | 주로 | 主に |
| | | 전 | 私は | 주말 | 週末 |
| **ㅈ** | | 전날 밤 | 前日の夜 | 주무시다 | お休みになる |
| 자기 | 自分 | 전에 | 前に | 주사를 맞다 | 注射をしてもらう |
| 자기가 | 自分で | 전자수첩 | 電子手帳 | ~주세요 | ~ください |
| 자꾸 | しきりに | 전혀 | 全然 | 주소 | 住所 |
| 자다 | 寝る | 전화하다 | 電話する | 주차하다 | 駐車する |
| 자르다 | 切る | 절 | 私を | 주황색 | だいだい色 |
| 자리 | 席 | 점원 | 店員 | 죽다 | 死ぬ |
| 자리잡다 | 落ち着く、場所をとる | 점점 | だんだん | 준비하다 | 準備する |
| 자장면 | ジャージャー麺 | 접다 | 折る | 줍다 | 拾う |
| 자전거 | 自転車 | 접수처 | 受付 | 중국어 | 中国語 |
| 작년 | 昨年 | 젓가락 | 箸 | 중학생 | 中学生 |
| 잘 생기다 | ハンサムだ | 젓다 | かき混ぜる | 쥐띠 | ねずみ年 |
| 잘하다 | 上手だ | ~정도 | ~くらい、~程度 | 즐겁다 | 楽しい |
| 잠시 후 | しばらくしてから | 정말 | 本当に | 즐기다 | 楽しむ |
| 잡다 | つかむ、握る | 정상 | 正常 | 지갑 | 財布 |
| 잡수시다 | 召し上がる | 정신이 없다 | 気が気でない | 지금 | 今 |
| 잡지 | 雑誌 | 제 | 私の | 지금쯤 | 今頃 |
| 잡채 | チャプチェ | 제가 | 私が | 지나다 | 過ぎる、経つ |
| 잡히다 | 捕まる | 제게 | 私に | 지난주 | 先週 |
| 장단점 | 長所と短所 | 제일 | 一番 | 지내다 | 過ごす |
| 장마 | 梅雨 | 제자 | 弟子 | 지하철 | 地下鉄 |
| 장어 | ウナギ | 조금 | 少し | 직장 | 職場 |
| 재료 | 材料 | 조깅하다 | ジョギングする | 직장 생활 | 職場生活 |
| 재미있다 | 面白い | 조리다 | 煮る | 직접 | 直接 |
| 재충전 | 再充電 | 조심하다 | 気をつける | 진지 | お食事 |
| 저건 | あれは | 조용하다 | 静かだ | 진짜 | 本当に |
| 저걸 | あれを | 조용히 | 静かに | 진찰 중 | 診察中 |
| 저걸로 | あれで | 졸리다 | 眠い | 진통제 | 鎮痛剤 |
| 저게 | あれが | 졸업하다 | 卒業する | 집 | 家 |
| 저녁 | 夕方 | 좁다 | 狭い | 집들이 | 引っ越し祝い |
| 저렇다 | あのようだ | 종이 | 紙 | 집집마다 | 家ごとに |
| 저희 | 私ども | 좋다 | 良い | 짓다 | 建てる、炊く |

| | | | | | |
|---|---|---|---|---|---|
| 짧다 | 短い | 춥다 | 寒い | 토끼띠 | うさぎ年 |
| 짬뽕 | チャンポン | 취소하다 | 取り消す | 토요일 | 土曜日 |
| 찌다 | 蒸す | 취직하다 | 就職する | 튀기다 | 揚げる |
| 찜질방 | チムジルバン | 치르다 | 支払う | 티켓 | チケット |
| 찜하다 | 抑える | 치마 | スカート | | |
| | | 치어리더 | チアリーダー | **ㅍ** | |
| **ㅊ** | | 치즈 | チーズ | 파 | ねぎ |
| 차 | お茶、車 | 친구 | 友達 | 파도타기 | ウェーブ |
| 차갑다 | 冷たい | 친절하다 | 親切だ | 파란불 | 青信号 |
| 착하다 | 善良だ | 침대방 | 洋室 | 파란색 | 青色 |
| 참 | 本当に | | | 파랗다 | 青い |
| 참기름 | ゴマ油 | **ㅋ** | | 파스 | シープ |
| 참석하다 | 出席する | 카페 | カフェー | 파전 | チヂミ |
| 참아 오다 | 堪えてくる | 커피 | コーヒー | 팔다 | 売る |
| 창문 | 窓 | 커피숍 | コーヒーショップ | 팥빙수 | かき氷 |
| 창문을 열다 | 窓を開ける | 컴퓨터 | コンピューター | 패키지여행 | パッケージツアー |
| 책 | 本 | 컵라면 | コップラーメン | 팬 | ファン |
| 처음 | 始めて | 케이크 | ケーキ | 편리하다 | 便利だ |
| 천국 | 天国 | 켜다 | 点ける | 편의점 | コンビニ |
| 천둥 | 雷 | 콧물 | 鼻水 | 편지 | 手紙 |
| 천천히 | ゆっくり | 콧물이 나다 | 鼻水が出る | 편찮으시다 | お加減が悪い |
| 청바지 | ジーパン | 쿠폰 | クーポン | 편하다 | 楽だ |
| 청소하다 | 掃除する | 크다 | 大きい | 포도 | ぶどう |
| 체감온도 | 体感温度 | 크리스마스 | クリスマス | 프랑스 | フランス |
| 초등학생 | 小学生 | 키가 작다 | 背が低い | 피곤하다 | 疲れる |
| 초록색 | 緑色 | 키가 크다 | 背が高い | 피다 | 咲く |
| 촌스럽다 | やぼったい | | | PC 방 | ネットカフェー |
| 최고 | 最高 | **ㅌ** | | 피아노를 치다 | ピアノを弾く |
| 최고기온 | 最高気温 | 타다 | 乗る | 피우다 | 吸う |
| 최근 | 最近 | 탕수육 | 酢豚 | 피자 | ピザ |
| 최저기온 | 最低気温 | 태권도 | テコンドー | 필요하다 | 必要だ |
| 축구 | サッカー | 태극기 | 太極旗 | 핑크색 | ピンク色 |
| 출근하다 | 出勤する | 태풍 | 台風 | | |
| 출발하다 | 出発する | 택시 | タクシー | **ㅎ** | |
| 출장 | 出張 | 테이블 | テーブル | 하늘 | 空 |
| 출장을 가다 | 出張に行く | 텔레비전 | テレビ | 하늘색 | 水色 |

| 하다 | する | 화가 나다 | 怒る |
|---|---|---|---|
| 하루 | 一日 | 화려하다 | 派手だ |
| 하루종일 | 一日中 | 화면 | 画面 |
| 하숙 (집) | 下宿 | 화장실 | トイレ |
| 하얀색 | 白色 | 확 풀리다 | すっきりとれる |
| 하얗다 | 白い | 확인하다 | 確認する |
| 학교 | 学校 | 황사 | 黄砂 |
| 학생 | 学生 | 황토방 | 黄土部屋 |
| 한 달 | 一カ月 | 회사원 | 会社員 |
| 한 손 | 片手 | 회색 | 灰色 |
| 한강 | 漢江 (地名) | 회식 | 飲み会 |
| 한국말 | 韓国語 | 회의 | 会議 |
| 한국생활 | 韓国の生活 | 회의 중 | 会議中 |
| 한국신문 | 韓国の新聞 | 효과 | 効果 |
| 한국적 | 韓国的 | 후루룩 | するする |
| 한때 | ひととき、ある時 | 후추 | コショウ |
| 한라산 | 漢拏山 (地名) | 후춧가루 | コショウの粉 |
| 한류스타 | 韓流スター | 휴가 | 休暇 |
| 한복 | 韓服（韓国の 民族衣装） | 휴식 | 休息 |
|  |  | 휴일 | 休日 |
| 한잔하다 | 一杯飲む | 흐르다 | 流れる |
| 한참 | しばらく、ずっと | 흐리다 | 曇る |
| ～한테 | ～に | 흐림 | 曇り |
| ～한테서 | ～から | 희망사항 | 希望事項 |
| 할인 | 割引 | 흰색 | 白色 |
| 항상 | いつも | 힘내다 | 頑張る |
| 해소 | 解消 | 힘들다 | きつい |
| 해외여행 | 海外旅行 |  |  |
| ～행 | ～行き |  |  |
| 헤어지다 | 別れる |  |  |
| 헬스장 | ジム |  |  |
| ～호 | ～号 |  |  |
| 호랑이띠 | とら年 |  |  |
| 혹시 | もしかして |  |  |
| 혼자서 | 一人で |  |  |
| 홍차 | 紅茶 |  |  |

# 日韓単語帳

| ア | |
|---|---|
| アートスクール | 미술학원 |
| 挨拶 | 인사 |
| アイスクリーム | 아이스크림 |
| 会う | 만나다 |
| (野菜などを) あえる | 무치다 |
| 青い | 파랗다 |
| 青色 | 파란색 |
| 青信号 | 파란불 |
| 赤い | 빨갛다 |
| 赤い色 | 빨간색 |
| 赤ちゃん | 아기 |
| 上がる | 오르다 |
| 明るい | 밝다 |
| 垢をこする | 때를 밀다 |
| 秋 | 가을 |
| 開ける | 열다 |
| 揚げる | 달다, 튀기다 |
| 朝 | 아침 |
| 朝寝坊をする | 늦잠을 자다 |
| 味 | 맛 |
| 味が薄い | 싱겁다 |
| 明日 | 내일 |
| 味付けをする | 간을 하다 |
| 味見をする | 간을 보다, 맛보다 |
| 汗をかく | 땀을 내다 |
| 遊ぶ | 놀다 |
| 暖かい | 따뜻하다 |
| 頭が痛い | 머리가 아프다 |
| 新しい | 새롭다 |
| 当たる | 맞다 |
| 熱い | 뜨겁다 |
| 集める | 모으다 |
| 後で | 나중에, 이따가 |
| あのようだ | 저렇다 |
| アパート | 아파트 |
| 甘い | 달다 |
| 甘酒 | 식혜 |
| あまり | 그다지, 별로 |
| 雨 | 비 |
| アメリカ | 미국 |
| あら! | 어머 |
| 洗う | 씻다 |
| ありがたい | 고맙다 |
| ある | 있다 |
| 歩いて来る | 걸어오다 |
| 歩く | 걷다 |
| アルバイト | 아르바이트 |
| あれが | 저게 |
| あれこれ | 이것저것 |
| あれで | 저걸로 |
| あれは | 저건 |
| あれを | 저걸 |

| イ | |
|---|---|
| いいえ | 아니요(아뇨) |
| 言う | 말하다 |
| 言うこと | 말하기 |
| 家 | 집 |
| 家ごとに | 집집마다 |
| 胃腸薬 | 위장약 |
| 医学 | 의학 |
| いくら | 아무리 |
| 以後 | 이후 |
| 医者 | 의사 |
| 以上 | 이상 |

| | |
|---|---|
| 忙しい | 바쁘다 |
| 急ぐ | 서두르다 |
| 痛い | 아프다 |
| 炒める | 볶다 |
| 至る | 다다르다 |
| イチゴ | 딸기 |
| 一日 | 하루 |
| 一日中 | 하루종일 |
| 一番 | 가장, 제일 |
| いつ | 언제 |
| いつか | 언젠가 |
| 一カ月 | 한 달 |
| 一週間 | 일주일 |
| 一所懸命 | 열심히 |
| 一緒に | 같이 |
| 一石二鳥 | 일석이조 |
| いつでも | 아무 때나 |
| 一杯飲む | 한잔하다 |
| いつも | 항상 |
| いなずま | 번개 |
| いぬ年 | 개띠 |
| いのしし年 | 돼지띠 |
| 今 | 지금 |
| 今頃 | 지금쯤 |
| 意味 | 뜻 |
| 妹 | 여동생 |
| 嫌がる | 싫어하다 |
| いらっしゃる | 계시다 |
| いる | 있다 |
| 入れる | 넣다 |
| 色 | 색, 색깔 |
| 色々 | 여러 가지 |
| 印象 | 인상 |

175

| 일본어 | 한국어 | 일본어 | 한국어 | 일본어 | 한국어 |
|---|---|---|---|---|---|
| インターネット | 인터넷 | 英語スクール | 영어학원 | お嬢さま | 따님 |
| インフルエンザ | 유행성 독감 | 駅 | 역 | お食事 | 진지 |
| | | 干支 | 띠 | 押す | 누르다 |
| **ウ** | | 選ぶ | 고르다 | 遅い | 늦다 |
| ウェーブ | 파도타기 | 得る | 얻다 | お宅 | 댁 |
| 浮かぶ | 떠오르다 | エレベーター | 엘리베이터 | 温める | 데우다 |
| 受付 | 접수처 | | | お誕生日 | 생신 |
| 受け取る | 받다 | **オ** | | 落ち着く | 자리 잡다 |
| うさぎ年 | 토끼띠 | 美味しく | 맛있게 | お茶 | 차 |
| うし年 | 소띠 | おいて下りる | 놓고 내리다 | 落ちる | 떨어지다 |
| 歌 | 노래 | 応援 | 응원 | おっしゃる | 말씀하시다 |
| 歌う | 부르다 | 応援する | 응원하다 | お連れする | 모시고 가다(오다) |
| 歌を歌う | 노래를 부르다 | 終える | 끝내다 | おでん | 어묵 |
| うっかりする | 깜빡하다 | 多い | 많다 | 音 | 소리 |
| 美しい | 아름답다 | 大きい | 크다 | お父さま | 아버님 |
| 移す | 옮기다 | 大盛 | 곱빼기 | お父さん | 아버지 |
| ウナギ | 장어 | お母さま | 어머님 | 弟 | 남동생 |
| 奪う | 빼앗다 | お母さん | 어머니 | お年 | 연세 |
| 馬 | 말 | お加減 | 병환 | 一昨日 | 그저께 |
| うま年 | 말띠 | お加減が悪い | 편찮으시다 | 大人 | 어른 |
| 海 | 바다 | お菓子 | 과자 | お亡くなりになる | 돌아가시다 |
| 生む | 낳다 | おかず | 반찬 | 同じだ | 똑같다 |
| （物を）埋める | 묻다 | お金 | 돈 | お名前 | 성함 |
| 羨ましい | 부럽다 | お金を稼ぐ | 돈을 벌다 | お願いする | 부탁하다 |
| 売る | 팔다 | 置かれる | 놓이다 | お話 | 말씀 |
| うるさい | 시끄럽다 | お変わりない | 별일(이) 없다 | お弁当 | 도시락 |
| 嬉しい | 기쁘다,반갑다 | お客様 | 손님 | 覚える | 외우다 |
| 運営する | 운영하다 | 起きる | 일어나다 | お目にかかる | 뵙다 |
| 運転する | 운전하다 | 置く | 놓다 | 重い | 무겁다 |
| | | （手紙・物など）送る | 부치다,보내다 | 思い出される | 떠오르다 |
| **エ** | | お言葉 | 말씀 | 面白い | 재미있다 |
| エアコン | 에어컨 | 怒る | 화가 나다 | お持ちする | 갖다 드리다 |
| エアコンをつける | 에어컨을 켜다 | 抑える | 찜하다 | 思ったより | 생각보다 |
| 映画 | 영화 | お酒 | 술 | 主に | 주로 |
| 営業する | 영업하다 | 幼い | 어리다 | お休みになる | 주무시다 |
| 英語 | 영어 | 治める | 다스리다 | 下りてくる | 내려오다 |

| 降りる | 내리다 | 風邪をひく | 감기에 걸리다 | 関係ない | 상관없이 |
|---|---|---|---|---|---|
| 折る | 접다 | 家族 | 가족 | 喧嘩する | 싸우다 |
| おろす | 갈다 | 方 | 분 | 韓国語 | 한국말 |
| オンドル部屋 | 온돌방 | 片栗粉 | 녹말가루 | 韓国的 | 한국적 |
| | | 片手 | 한 손 | 韓国の新聞 | 한국신문 |
| **カ** | | 勝ち抜ける | 이겨 내다 | 韓国の生活 | 한국생활 |
| ガールフレンド | 여자친구 | 勝つ | 이기다 | 干渉する | 간섭하다 |
| 海外旅行 | 해외여행 | 学校 | 학교 | 乾燥 | 건조 |
| 会議 | 회의 | 格好いい | 멋있다 | 簡単だ | 간단하다 |
| 会議中 | 회의 중 | 街頭 | 길거리 | 元旦（お正月） | 설날 |
| 外国語 | 외국어 | 悲しい | 슬프다 | 頑張る | 힘내다 |
| 外国人 | 외국인 | 必ず | 꼭 | 韓流スター | 한류스타 |
| 会社員 | 회사원 | かなり | 꽤 | | |
| 外出する | 외출하다 | 金持ち | 부자 | **キ** | |
| 解消 | 해소 | カバン | 가방 | 木 | 나무 |
| 階段 | 계단 | カフェー | 카페 | 聞いてみる | 물어보다 |
| 飼う | 기르다 | (帽子を)かぶる | 쓰다 | 黄色 | 노란색 |
| 返す | 돌려주다 | 壁 | 벽 | 黄色い | 노랗다 |
| かえって | 오히려 | 紙 | 종이 | 消える | 꺼지다 |
| 価格 | 가격 | 髪が長い | 머리가 길다 | 着替える | 갈아입다 |
| (食事を)欠かす | 굶다 | 雷 | 천둥 | 気がかりだ | 궁금하다 |
| かかっている | 달려 있다 | 髪をとく | 빗다 | 気が気でない | 정신이 없다 |
| かかる | 걸리다 | 噛む | 씹다 | 聞かせてくれる | 들려주다 |
| 書かれている | 쓰여 있다 | 画面 | 화면 | 聞く | 듣다 |
| かき氷 | 팥빙수 | カモメ | 갈매기 | 危険だ | 위험하다 |
| 書き取り | 쓰기 | 歌謡 | 가요 | 汽車 | 기차 |
| かき混ぜる | 젓다 | 辛い | 맵다 | 寄宿舎 | 기숙사 |
| 書く | 쓰다,적다 | 体 | 몸 | 季節 | 계절 |
| 学生 | 학생 | 体にいい | 몸에 좋다 | 汚い | 더럽다 |
| 確認する | 확인하다 | 軽い | 가볍다 | きつい | 힘들다 |
| かける | 걸다,달다 | 可愛い | 귀엽다,예쁘다 | 気にいる | 마음에 들다 |
| 傘 | 우산 | 変わったこと | 별일 | 記念日 | 기념일 |
| 歌詞 | 노래가사 | 可愛らしく見える | 예쁘게 생기다 | 昨日 | 어제 |
| 歌詞の一部 | 소절 | 変える | 바꾸다 | 気分がいい | 기분이 좋다 |
| 風 | 바람 | 変わる | 변하다 | 希望事項 | 희망사항 |
| 風邪薬 | 감기약 | 皮をむく | 껍질을 벗기다 | 君が | 네가 |

| 黄緑 | 연두색 | ~ください | ~주세요 | ~号 | ~호 |
|---|---|---|---|---|---|
| 君は | 넌 | 果物 | 과일 | 効果 | 효과 |
| 君を | 널 | 口当たり | 입맛 | 広告 | 광고 |
| キムチチゲ | 김치찌개 | 口当たりどおり | 입맛대로 | 黄砂 | 황사 |
| 休暇 | 휴가 | 口に合う | 입에 맞다 | 降水量 | 강수량 |
| 休日 | 휴일 | 口の中 | 입안 | 高速バス | 고속버스 |
| 休息 | 휴식 | 首 | 목 | こうだ | 이렇다 |
| 急に | 갑자기 | 曇り | 흐림 | 紅茶 | 홍차 |
| 牛肉 | 소고기 | 曇る | 흐리다 | 光復節 | 광복절 |
| 牛乳 | 우유 | 暗い | 어둡다 | 声に出す | 소리를 내다 |
| 給料日 | 월급날 | ~くらい | ~정도 | コーヒー | 커피 |
| 今日 | 오늘 | クリスマス | 크리스마스 | コーヒーショップ | 커피숍 |
| 餃子 | 만두 | 苦しい | 괴롭다 | 凍る | 얼다 |
| 餃子スープ | 만두국 | 車 | 차 | 国際電話 | 국제전화 |
| 教室 | 교실 | 黒い | 까맣다 | ここ | 여기 |
| 嫌いだ | 싫다 | 黒色 | 검정색,까만색 | ここに | 여기에 |
| 気楽だ | 마음이 편하다 | 苦労する | 고생하다 | 心が善良だ | 마음이 착하다 |
| 霧 | 안개 | | | ご子息 | 아드님 |
| 霧がかかる | 안개가 끼다 | **ケ** | | コショウ | 후추 |
| 着る | 입다 | 計画を立てる | 계획을 세우다 | 故障する | 고장 나다 |
| 切る | 자르다 | 契約金 | 계약금 | コショウの粉 | 후춧가루 |
| きれいだ | 곱다,깨끗하다,예쁘다 | ケーキ | 케이크 | 午前中 | 오전 중 |
| 気をつける | 조심하다 | 景色 | 경치 | コチュジャン | 고추장 |
| 近郊 | 근교 | 下宿 | 하숙(집) | こちら | 이쪽 |
| 近所 | 근처 | 消す | 끄다 | 国旗（太極旗） | 국기(태극기) |
| 緊張する | 긴장하다 | 結果 | 결과 | コップラーメン | 컵라면 |
| 勤務する | 근무하다 | 欠航になる | 결항되다 | 今年 | 올해 |
| | | 結婚する | 결혼하다 | 異なる | 다르다 |
| **ク** | | 月曜日 | 월요일 | ~ごとに | ~마다 |
| 空間 | 공간 | 健康 | 건강 | 言葉 | 말 |
| 空港 | 공항 | 健康診断 | 건강진단 | 子供 | 아이 |
| 偶然に | 우연히 | 健康保険証 | 건강보험증 | この方 | 이 분 |
| クーポン | 쿠폰 | 検査日 | 검사 날짜 | この頃 | 요즘 |
| 腐る | 썩다 | | | この前 | 얼마 전에 |
| 薬を飲む | 약을 먹다 | **コ** | | このようだ | 이렇다 |
| 癖 | 버릇 | コイン | 동전 | このように | 이렇게 |

178

|  |  |
|---|---|
| ゴマ | 깨 |
| ゴマ油 | 참기름 |
| ゴマ塩 | 깨소금 |
| ゴミ | 쓰레기 |
| 混む | 복잡하다 |
| 小麦粉 | 밀가루 |
| 米 | 쌀 |
| ゴルフをする | 골프를 치다 |
| これ | 이것 |
| これが | 이게 |
| これじゃなくて | 이거 말고 |
| これで | 이걸로 |
| これにして | 이걸로 |
| これは | 이건 |
| これを | 이걸 |
| 怖い | 무섭다 |
| 紺色 | 남색 |
| 今回 | 이번 |
| 今週 | 이번 주 |
| こんなに | 이렇게 |
| コンビニ | 편의점 |
| コンピューター | 컴퓨터 |

**サ**

| | |
|---|---|
| サービス | 서비스 |
| 最近 | 최근 |
| 最高 | 최고 |
| 最高気温 | 최고기온 |
| 最後まで | 끝까지 |
| 再充電 | 재충전 |
| サイズ | 사이즈 |
| 最低気温 | 최저기온 |
| サイト | 사이트 |
| 財布 | 지갑 |
| 材料 | 재료 |
| 探す | 구하다 |

| | |
|---|---|
| 魚を釣る | 고기를 잡다 |
| 先に | 먼저 |
| 咲く | 피다 |
| 昨年 | 작년 |
| 昨晩 | 어젯밤 |
| 差し上げる | 드리다 |
| サッカー | 축구 |
| さっき | 아까 |
| 雑誌 | 잡지 |
| 砂糖 | 설탕 |
| 悟る | 깨닫다 |
| 寂しい | 쓸쓸하다,외롭다 |
| 寒い | 춥다 |
| サムゲタン | 삼계탕 |
| サラダ油 | 식용유 |
| さる年 | 원숭이띠 |
| 騒ぐ | 떠들다 |
| 爽やかだ | 상쾌하다 |
| 散策する | 산책하다 |

**シ**

| | |
|---|---|
| 試合 | 시합 |
| シーズン | 시즌 |
| ジーパン | 청바지 |
| シープ | 파스 |
| 塩 | 소금 |
| ～しか | ～밖에 |
| しかし | 그러나 |
| 時間 | 시간 |
| 四季 | 사계절 |
| 始業シーズン | 개학 시즌 |
| しきりに | 자꾸 |
| 試験 | 시험 |
| 試験を受ける | 시험을 보다 |
| 辞書 | 사전 |
| 静かだ | 조용하다 |

| | |
|---|---|
| 静かに | 조용히 |
| 従う | 따르다 |
| 従って歌う | 따라 부르다 |
| 湿気 | 습기 |
| 湿度 | 습도 |
| 室内 | 실내 |
| 失礼 | 실례 |
| 自転車 | 자전거 |
| 品物 | 물건 |
| 死ぬ | 죽다 |
| 支払う | 치르다 |
| しばらく | 오래,한참 |
| しばらくしてから | 잠시 후 |
| 自分 | 자기 |
| 自分で | 자기가 |
| 閉まる | 닫히다 |
| ジム | 헬스장 |
| 閉める | 닫다 |
| ジャージャー麺 | 자장면 |
| 写真を撮る | 사진을 찍다 |
| 写真を撮ること | 사진찍기 |
| 社長 | 사장(님) |
| 住所 | 주소 |
| 就職する | 취직하다 |
| 姑 | 시어머니 |
| 週末 | 주말 |
| 祝祭日 | 공휴일 |
| 宿題 | 숙제 |
| 出勤する | 출근하다 |
| 出席する | 참석하다 |
| 出張 | 출장 |
| 出張に行く | 출장을 가다 |
| 出発する | 출발하다 |
| 準備する | 준비하다 |
| 紹介する | 소개하다 |
| 小学生 | 초등학생 |

| 消化剤 | 소화제 |
|---|---|
| 生じる | 생기다 |
| 上手だ | 잘하다 |
| 使用する | 사용하다 |
| 小説家 | 소설가 |
| 焼酎 | 소주 |
| 情熱的だ | 열정적이다 |
| 商品 | 상품 |
| 醤油 | 간장 |
| ジョギングする | 조깅하다 |
| 食後 | 식후 |
| 食事する | 식사하다 |
| 食事のマナー | 식사 예절 |
| 食堂 | 식당 |
| 職場 | 직장 |
| 職場生活 | 직장 생활 |
| 食欲 | 식욕,입맛 |
| 食欲がない | 입맛이 없다 |
| ショッピング | 쇼핑 |
| ショッピングモール | 쇼핑몰 |
| 調べてみる | 알아보다 |
| 汁 | 국 |
| 知る | 알다 |
| 汁わん | 국그릇 |
| 白い | 하얗다 |
| 白色 | 하얀색,흰색 |
| 診察中 | 진찰중 |
| 信じる | 믿다 |
| 申請する | 신청하다 |
| 新製品 | 신제품 |
| 親切だ | 친절하다 |
| 迅速な配慮 | 신속배달 |
| 心配する | 걱정하다 |
| 新聞 | 신문 |
| 新聞紙 | 신문지 |

| **ス** | |
|---|---|
| 酢 | 식초 |
| 水泳 | 수영 |
| 水泳する | 수영하다 |
| スイカ | 수박 |
| 睡眠室 | 수면실 |
| 数名 | 여러 명 |
| 水曜日 | 수요일 |
| 吸う | 피우다 |
| スーパー | 슈퍼 |
| スーパーマーケット | 마트 |
| スカート | 치마 |
| 姿 | 모습 |
| 好きだ | 좋아하다 |
| 過ぎる | 지나다 |
| （お腹が）空く | 고프다 |
| すぐ | 금방,바로 |
| 少ない | 적다 |
| 過ごす | 지내다 |
| 少し | 조금 |
| 涼しい | 시원하다 |
| 涼しくなる | 시원해지다 |
| スタイル | 스타일 |
| ～ずつ | ～씩 |
| 頭痛薬 | 두통약 |
| ずっと前 | 예전 |
| 素敵だ | 멋있다 |
| すでに | 벌써 |
| 捨てる | 버리다 |
| ストレス | 스트레스 |
| スパゲティー | 스파게티 |
| スプーン | 숟가락 |
| 酢豚 | 탕수육 |
| すべて | 모두 |
| ズボン | 바지 |
| すまない | 미안하다 |

| 住む | 살다 |
|---|---|
| すらりとしている | 날씬하다 |
| する | 하다 |
| するする | 후루룩 |

| **セ** | |
|---|---|
| 性格 | 성격 |
| 生活費 | 생활비 |
| 清潔だ | 깨끗하다 |
| 正常 | 정상 |
| 背負う | 업다 |
| 世界中 | 온 세상 |
| 背が高い | 키가 크다 |
| 背が低い | 키가 작다 |
| 咳 | 기침 |
| 席 | 자리 |
| 咳が出る | 기침이 나오다 |
| ぜひ | 꼭 |
| 狭い | 좁다 |
| 前日の夜 | 전날 밤 |
| 先週 | 지난주 |
| 先生 | 선생님 |
| 全然 | 전혀 |
| 洗濯する | 빨래하다 |
| 全部 | 모두 |
| 先約 | 선약 |
| 善良だ | 착하다 |
| 線を引く | 선을 긋다 |

| **ソ** | |
|---|---|
| そう言わずに | 그러지 말고 |
| 掃除する | 청소하다 |
| そうだ | 그렇다 |
| そうだけれども | 그렇지만 |
| そうですか？ | 그래요? |
| ソウル駅 | 서울역 |

| | | | | | |
|---|---|---|---|---|---|
| そこ | 거기 | ～だけ | ～뿐 | **チ** | |
| そして | 그리고 | 助け | 도움 | チアリーダー | 치어리더 |
| 注ぐ | 따르다,붓다 | 助ける | 돕다 | チーズ | 치즈 |
| 育てる | 기르다 | 尋ねる | 묻다 | 近い | 가깝다 |
| 卒業する | 졸업하다 | ただ | 공짜,그냥 | 違う | 다르다 |
| 外 | 밖 | ただいま | 방금 | 地下鉄 | 지하철 |
| その通りです | 맞아요 | 立ち寄る | 들르다 | チケット | 티켓 |
| そのまま | 그냥 | 断つ | 끊다 | 父 | 아버지 |
| 空 | 하늘 | 経つ | 지나다 | チヂミ | 파전 |
| それが | 그게 | たつ年 | 용띠 | チムジルバン | 찜질방 |
| それで | 그걸로,그래서 | 建てる | 짓다 | 茶色 | 갈색 |
| それでは | 그러면,그럼 | 他の色 | 다른 색 | 茶碗 | 밥그릇 |
| それでも | 그래도 | 他の事 | 다른 것 | チャプチェ | 잡채 |
| それは | 그건 | 楽しい | 즐겁다 | チャンポン | 짬뽕 |
| それを | 그걸 | 楽しむ | 즐기다 | 中学生 | 중학생 |
| | | 他の所 | 다른 곳 | 中国語 | 중국어 |
| **タ** | | 頼む | 부탁하다 | 駐車する | 주차하다 |
| ～台 | ～대 | タバコ | 담배 | 注射をしてもらう | 주사를 맞다 |
| 大学 | 대학 | たぶん | 아마 | 長所と短所 | 장단점 |
| 大学生 | 대학생 | 食べてくれる | 먹어 주다 | 直接 | 직접 |
| 体感温度 | 체감온도 | 食べ物 | 음식 | 鎮痛剤 | 진통제 |
| 体感気温 | 체감온도 | 食べる | 먹다 | | |
| 大韓民国 | 대한민국 | 卵 | 계란 | **ツ** | |
| 大丈夫だ | 괜찮다 | たまる | 밀리다 | 付いている | 붙어 있다 |
| だいだい色 | 주황색 | 誰が | 누가 | 使う | 쓰다,사용하다 |
| (理想の)タイプ | 이상형 | だれでも | 아무나 | 捕まえる | 잡히다 |
| 台風 | 태풍 | だれにでも | 아무한테나 | つかむ | 잡다 |
| たいへん | 아주 | だれにも | 아무에게도 | 疲れる | 피곤하다 |
| 堪えてくる | 참아 오다 | だれも | 아무도 | 付き合う | 사귀다 |
| だが | 그렇지만 | 垂れる | 붓다 | 継ぐ | 잇다 |
| 高い | 높다 | だれを | 누굴 | 作る | 만들다 |
| だから | 그러니까 | 単語 | 단어 | 漬ける | 담그다 |
| 炊く | 짓다 | 男子 | 남자 | 点ける | 켜다 |
| たくあん | 단무지 | 誕生日 | 생일 | 翼 | 날개 |
| タクシー | 택시 | 誕生日プレゼント | 생일 선물 | 冷たい | 차갑다 |
| ～だけ | ～만 | だんだん | 점점 | 梅雨 | 장마 |

| 連れていく | 데려가다 |
| 連れていく | 데리고 가다(오다) |

## テ

| ～程度 | ～정도 |
| テーブル | 테이블 |
| 手紙 | 편지 |
| できる | 생기다 |
| できるだけ | 되도록 |
| テコンドー | 태권도 |
| デザイン | 디자인 |
| 弟子 | 제자 |
| 手伝う | 돕다 |
| 出てくる | 나오다 |
| デパート | 백화점 |
| ～でも | ～(이)나 |
| テレビ | 텔레비전 |
| 手を洗う | 손을 씻다 |
| 店員 | 점원 |
| 天気 | 날씨 |
| 天気予報 | 일기예보 |
| 電気を消す | 불을 끄다 |
| 天国 | 천국 |
| 電子手帳 | 전자수첩 |
| 電話する | 전화하다 |

## ト

| ドアを開ける | 문을 열다 |
| トイレ | 화장실 |
| ～棟 | ～동 |
| 登山服の姿 | 등산복차림 |
| どうしましょう？ | 어쩌죠? |
| どうだ | 어떻다 |
| 到着する | 도착하다 |
| 豆腐 | 두부 |
| 唐辛子粉 | 고춧가루 |

| 溶ける | 녹다 |
| どこでも | 아무 데나 |
| どこでも | 어디서나 |
| どこにも | 아무 데도 |
| ～所 | ～데 |
| ところで | 그런데 |
| ところによって | 곳에 따라 |
| 年 | 나이 |
| トッポッキ | 떡볶이 |
| とても | 너무,아주 |
| どのように | 어떻게 |
| 飛ぶ | 날다 |
| もどかしい | 답답하다 |
| 友達 | 친구 |
| 土用の丑の日 | 복날 |
| 土曜日 | 토요일 |
| ドライブ | 드라이브 |
| とら年 | 호랑이띠 |
| ドラマ | 드라마 |
| 取り消す | 취소하다 |
| とり年 | 닭띠 |
| 努力 | 노력 |
| どれが | 어느 게 |
| どれぐらい | 얼마나 |
| どれで | 어느 걸로 |
| どれを | 어느 걸 |
| どんな | 아무 |
| どんなに | 아무리,얼마나 |

## ナ

| 内容 | 내용 |
| 治る | 낫다 |
| 長い | 길다 |
| 流れる | 흐르다 |
| なくす | 잃어버리다 |
| なぜ | 왜 |

| 夏 | 여름 |
| ～等 | ～등 |
| なに | 뭐 |
| 何が | 뭐가 |
| なにも | 아무것도 |
| 何よりも | 무엇보다 |
| 何を | 뭘 |
| 名前 | 이름 |
| 悩む | 고민하다 |
| 習う | 배우다 |
| なるべく | 되도록 |
| 何～ | 몇 |
| 軟膏 | 연고 |
| 南山タワー | 남산타워 |
| 南大門市場 | 남대문 시장 |
| 何でも | 뭐든지,아무거나 |
| 何で | 뭐로 |
| 何の | 무슨 |

## ニ

| 似合う | 어울리다 |
| 握る | 잡다 |
| 肉 | 고기 |
| 憎い | 밉다 |
| 二三回 | 두세 번 |
| 虹 | 무지개 |
| 日曜日 | 일요일 |
| 日記をつける | 일기를 쓰다 |
| 二度と | 다시는 |
| 二倍 | 두 배 |
| 日本語 | 일본어 |
| 日本人 | 일본사람 |
| 眠い | 졸리다 |
| 似る | 닮다 |
| 煮る | 조리다 |
| にわか雨 | 소나기 |

| 鶏 | 닭 |
|---|---|
| 人気 | 인기 |
| にんにく | 마늘 |

| ヌ | |
|---|---|
| 抜く | 뽑다 |
| 脱ぐ | 벗다 |
| 願う | 원하다 |

| ネ | |
|---|---|
| ねぎ | 파 |
| 猫 | 고양이 |
| ねずみ | 쥐띠 |
| 値段 | 값 |
| 熱 | 열 |
| ネットカフェー | PC방 |
| 寝る | 자다 |
| 年齢 | 나이,연령 |

| ノ | |
|---|---|
| ～の間 | ～동안 |
| ノート | 노트 |
| 喉 | 목 |
| 喉が痛い | 목이 아프다 |
| 登って行く | 올라가다 |
| 登る | 오르다 |
| 飲み会 | 회식 |
| 飲み物 | 음료수 |
| 飲む | 마시다 |
| ノリ | 김 |
| 乗りかえる | 갈아타다 |
| のり巻き | 김밥 |
| 乗る | 타다 |

| ハ | |
|---|---|
| はい | 네 |

| 灰色 | 회색 |
|---|---|
| 入ってくる | 들어오다 |
| 入る | 들어가다(오다) |
| ～ばかり | ～만 |
| (靴などを) 履く | 신다 |
| 博物館 | 박물관 |
| 箸 | 젓가락 |
| 始めて | 처음 |
| バス | 버스 |
| 恥ずかしい | 부끄럽다 |
| バスケットボール | 농구 |
| パスポート | 여권 |
| 発音 | 발음 |
| パッケージツアー | 패키지여행 |
| 配達させる | 배달시키다 |
| 配達する | 배달하다 |
| 派手だ | 화려하다 |
| 花 | 꽃 |
| 話 | 얘기 |
| 話す | 말하다,이야기하다 |
| 話すこと | 말하기 |
| バナナ | 바나나 |
| 鼻水 | 콧물 |
| 鼻水が出る | 콧물이 나다 |
| 母 | 어머니 |
| 歯磨きをする | 양치질하다 |
| 速い | 빠르다 |
| 早い | 빠르다 |
| 早く | 빨리,일찍 |
| 晴れ | 맑음 |
| 歯を磨く | 이를 닦다 |
| ハンカチ | 손수건 |
| ハンサムだ | 잘 생기다 |
| 絆創膏 | 반창고 |
| 半年 | 반년 |
| 万里の長城 | 만리장성 |

| ヒ | |
|---|---|
| ピアノを弾く | 피아노를 치다 |
| ビール | 맥주 |
| 比較する | 비교하다 |
| ～匹 | ～마리 |
| 引き締まる | 긴장되다 |
| ひく | 갈다 |
| 引く | 긋다 |
| 低い | 낮다 |
| 飛行機 | 비행기 |
| ピザ | 피자 |
| 久しぶりに | 오래간만에 |
| 非常に | 아주 |
| ビタミン剤 | 비타민제 |
| びっくりする | 깜짝 놀라다 |
| 引っ越してくる | 이사 오다 |
| 引っ越し祝い | 집들이 |
| ひつじ年 | 양띠 |
| 必要だ | 필요하다 |
| 人 | 사람 |
| 酷い | 심하다 |
| ひととき | 한때 |
| 一人で | 혼자서 |
| ビニル袋 | 비닐봉지 |
| 病院 | 병원 |
| 病気 | 병 |
| 氷点下 | 영하 |
| 開く | 열리다 |
| 昼間 | 낮 |
| (牛肉の) ヒレ、ロース | 등심 |
| 広い | 넓다 |
| 拾う | 줍다 |
| ピンク色 | 분홍색,핑크색 |

| フ | |
|---|---|
| ファン | 팬 |

| 夫婦 | 부부 |
|---|---|
| 増える | 늘다 |
| 深い | 깊다 |
| 服 | 옷 |
| 複合生活文化空間 | 복합생활문화공간 |
| 複雑だ | 복잡하다 |
| 再び | 다시 |
| 二つとも | 둘 다 |
| 部長 | 부장님 |
| 普通 | 보통 |
| ぶどう | 포도 |
| 不動産 | 부동산 |
| 太っている | 뚱뚱하다 |
| 太る | 살이 찌다 |
| 不便だ | 불편하다 |
| 父母の日 | 어버이날 |
| 冬 | 겨울 |
| フランス | 프랑스 |
| ブランド品 | 명품 |
| 震える | 떨다 |
| プレゼント | 선물 |
| 雰囲気 | 분위기 |

| ヘ | |
|---|---|
| 下手だ | 서투르다 |
| 別事 | 별일 |
| 別にない | 따로 없다 |
| 蛇 | 뱀 |
| へび年 | 뱀띠 |
| 部屋 | 방 |
| 部屋を探す | 방을 구하다 |
| 勉強する | 공부하다 |
| 便秘薬 | 변비약 |
| 便利だ | 편리하다 |

| ホ | |
|---|---|
| 放課後 | 방과후 |
| 帽子 | 모자 |
| 訪問する | 방문하다 |
| ほうれん草 | 시금치 |
| ボーイフレンド | 남자친구 |
| ボールペン | 볼펜 |
| 補薬（強壮剤） | 보약 |
| ホラー映画 | 공포영화 |
| 本 | 책 |
| 本当に | 정말,진짜,참 |

| マ | |
|---|---|
| 毎日 | 날마다,매일 |
| 前に | 전에 |
| 前の席 | 앞자리 |
| 前もって | 미리 |
| （～より）ましだ | 낫다 |
| まず | 먼저 |
| 混ぜる | 비비다 |
| また | 다시,또 |
| まだ | 아직 |
| 町 | 동네 |
| 待つ | 기다리다 |
| マッコリ | 막걸리 |
| 窓 | 창문 |
| 窓を開ける | 창문을 열다 |
| 迷う | 잃어버리다 |
| 満員だ | 만원이다 |
| 漫画 | 만화 |
| 満腹だ | 배부르다 |

| ミ | |
|---|---|
| 見える | 보이다 |
| 見下ろす | 내려다보다 |
| みかん | 귤 |

| 右側 | 오른쪽 |
|---|---|
| 短い | 짧다 |
| 水 | 물 |
| 水色 | 하늘색 |
| 水を注ぐ | 물을 붓다 |
| 店 | 가게 |
| 味噌 | 된장 |
| 道が混む | 길이 막히다 |
| 緑色 | 녹색,초록색 |
| 皆 | 모두 |
| みなさん | 여러분 |
| みにくい | 못 생기다 |
| ミリン | 맛술 |
| 見る | 보다 |
| 民俗村 | 민속촌 |

| ム | |
|---|---|
| 昔 | 옛날 |
| むく | 까다,벗기다 |
| 目薬 | 안약 |
| 蒸し暑い | 무덥다 |
| むしろ | 오히려 |
| 蒸す | 찌다 |
| 難しい | 어렵다 |
| 息子 | 아들 |
| 娘 | 딸 |
| 無駄だ | 소용없다 |
| 紫色 | 보라색 |
| 無料 | 무료 |

| メ | |
|---|---|
| 目 | 눈 |
| 名山 | 명산 |
| 名物 | 명물 |
| 目上の人 | 윗사람 |
| メール | 메일 |

| 目が大きい | 눈이 크다 |
|---|---|
| 目がはれる | 눈이 붓다 |
| 飯 | 밥 |
| 召し上がる | 드시다,잡수시다 |
| メニュー | 메뉴 |

| モ | |
|---|---|
| もう | 벌써,이제 |
| もう一度 | 다시 한번 |
| 木曜日 | 목요일 |
| 字 | 글씨 |
| もしかして | 혹시 |
| もらって行く | 받아 가다 |
| 餅 | 떡 |
| もちろん | 물론 |
| 持つ | 들다 |
| 求める | 구하다 |
| 問題 | 문제 |

| ヤ | |
|---|---|
| 野球 | 야구 |
| 野球試合 | 야구시합 |
| 野球場 | 야구장 |
| 野球選手 | 야구선수 |
| 焼く | 굽다 |
| （フライパンで）焼く | 부치다 |
| 約束場所 | 약속 장소 |
| 薬味 | 양념 |
| 野菜 | 야채 |
| 易しい | 쉽다 |
| 安い | 싸다 |
| （学校の長期の）休み | 방학 |
| 休む | 쉬다 |
| やせる | 마르다 |
| やはり | 역시 |
| やぼったい | 촌스럽다 |

| 山 | 산 |
|---|---|
| やめる | 그만두다,끊다 |
| やる | 주다 |
| やわらかい | 연하다 |

| ユ | |
|---|---|
| 夕方 | 저녁 |
| 夕立 | 소나기 |
| 遊覧船 | 유람선 |
| 床 | 바닥 |
| 湯がく | 데치다 |
| 雲 | 구름 |
| 雪 | 눈 |
| ～行き | ～행 |
| ゆっくり | 천천히 |
| 茹でる | 삶다 |

| ヨ | |
|---|---|
| 良い | 좋다 |
| 酔い止め薬 | 멀미약 |
| 用事 | 볼 일 |
| 洋室 | 침대방 |
| 横になる | 눕다 |
| 夜中 | 밤새 |
| 世の中 | 세상 |
| 呼ぶ | 부르다 |
| 読み取り | 읽기 |
| 読む | 읽다 |
| ～より | ～보다 |
| 夜 | 밤 |
| 夜遅く | 밤늦게 |
| 夜のうち | 밤새 |
| 喜ぶ | 기뻐하다 |
| よろしく伝える | 안부 전하다 |

| ラ | |
|---|---|
| ラージサイズ | 라지 사이즈 |
| ラーメン | 라면 |
| 来月 | 다음 달 |
| 来週 | 다음 주 |
| ライター | 라이터 |
| 楽だ | 편하다 |

| リ | |
|---|---|
| 利益 | 이익 |
| 流行 | 유행 |
| 流行に敏感だ | 유행을 타다 |
| 量 | 양 |
| 領収証 | 영수증 |
| 両親 | 부모님 |
| 料理 | 요리 |
| 旅行 | 여행 |
| りんご | 사과 |

| レ | |
|---|---|
| 零下 | 영하 |
| 冷蔵庫 | 냉장고 |
| 冷麺 | 냉면 |
| レシピ | 레시피 |
| 連絡する | 연락하다 |

| ロ | |
|---|---|
| 老若男女 | 남녀노소 |

| ワ | |
|---|---|
| 沸かす | 끓이다 |
| 分からない | 모르다 |
| 別れる | 헤어지다 |
| 忘れる | 잊다 |
| 私たちを | 우릴,저흴 |
| 私が | 내가,제가 |

| | |
|---|---|
| 私たちは | 우린,저흰 |
| 私ども | 저희 |
| 私に | 내게,제게 |
| 私の | 내,제 |
| 私は | 난,전 |
| 私を | 날,절 |
| 渡る | 건너다 |
| 笑いが出る | 웃음이 나오다 |
| 笑う | 웃다 |
| 割引 | 할인 |
| 悪い | 나쁘다 |
| 我々 | 우리 |
| ワンルーム | 원룸 |

〈著者略歴〉

崔　相振 (チェ サンジン)
韓国釜山生まれ。九州大学大学院博士後期課程修了（国際社会文化専攻)。現在、熊本大学多言語文化総合教育センター特任助教。


呉　香善 (オー ヒャンソン)
韓国ソウル生まれ。九州大学大学院博士後期課程修了（国際社会文化専攻)。現在、下関市立大学特任教員。


〈監修者略歴〉

松原孝俊 (まつばらたかとし)
1950年島根県生まれ。学習院大学大学院博士課程修了。朝鮮語教育・朝鮮文化史専攻。九州大学名誉教授。

## Pointで学ぶ韓国語 ❷

2022年3月30日　第3刷発行

著　者 ———————— 崔　相振
　　　　　　　　　　　　呉　香善
監　修 ———————— 松原孝俊
発行者 ———————— 仲西佳文
発行所 ———————— 有限会社花書院
〒810-0012 福岡市中央区白金2丁目9-2
電話(092)526-0287・FAX(092)524-4411
郵便振替 ———————— 01750-6-35885
印刷・正本 ———————— 城島印刷株式会社
定価はカバーに表示してあります。